기획·tvN STORY <벌거벗은 한국사> 제작진

<벌거벗은 한국사>는 과거로 가는 특급 열차, 히스토리 트레인 익스프레스(HTX)를 타고 한국사 여행을 떠납니다. 쉽고 친절한 스토리텔링을 통해 누구나 부담 없이 한국사를 즐길 수 있는 프로그램을 만들었습니다. 단순히 아는 것을 넘어, 어린이들이 역사적 사고력을 키우고 올바른 역사의식을 세울 수 있기를 바랍니다.

글·윤진숙

"옛것을 거울삼아 오늘을 비춘다." 중학생 시절, 국사 선생님의 이 한마디가 가슴에 콕 박혔던 때부터 한국사, 세계사를 사랑하는 역사 마니아가 됐습니다. 그 마음을 이어가기 위해 이화여자대학교에서 사학을 공부했습니다. 역사만큼이나 글쓰기도 좋아하여 시사·교양 다큐멘터리 프로그램을 만드는 방송 작가로 일했고, 아이들에게 글쓰기와 한국사를 가르쳤습니다. 《벌거벗은 한국사》는 우리 아이들이 역사의 재미를 느끼고, 바람에 흔들리지 않는 뿌리 깊은 나무로 성장하기를 바라는 마음을 담아 썼습니다.

그림·이효실

중앙대학교에서 한국화를 공부하고 영국 킹스턴 대학교에서 일러스트레이션을 공부한 뒤, 현재 어린이책 그림작가로 활동하고 있습니다. 차분하면서도 편안한 그림으로 아이들의 마음을 따뜻하게 담아냅니다. 《난 꿈이 없는걸》《쉿! 갯벌의 비밀을 들려줄게》《가족 바꾸기 깜짝 쇼》《좋아서 껴안았는데, 왜?》《부릅뜨고 꼼꼼 안전》《부릅뜨고 똑똑 표지판》을 비롯한 여러 어린이책에 그림을 그렸습니다.

감수·김경수

청운대학교 교양대학에서 한국사를 가르치고 있으며, 한국사학사학회 회장, 방촌황희사상연구소 부소장, 조선시대사학회 연구이사, 충청남도 문화재 위원으로 활동하고 있습니다. 역사가 강의실이나 교과서에서 배우는 지식에 머물지 않고, 우리의 일상에서 생생하게 살아 숨 쉬는 한 부분이 되기를 바라는 마음으로, tvN STORY <벌거벗은 한국사>에 출연하여 우리 역사를 널리 알리고 있습니다. 쓴 책으로는 《조선시대의 사관연구》《언론이 조선왕조 500년을 일구었다》《테마로 읽는 우리 역사》《평역 난중일기》《조선왕조사 전》《왜 조선왕조실록은 왕이 볼 수 없었을까?》《대한민국 세계유산》《이순신의 난중일기 읽기》 들이 있습니다.

'이 땅에서 현재를 살아가는 우리, 이 땅에서 살았을 우리 조상들. 비록 살았던 시간은 다르지만 같은 땅을 딛고 산 수많은 사람들. 그들은 과연 어떤 삶을 살았을까?'
저희는 이러한 질문에서부터 시작했습니다. 그리고 이 궁금증을 어떻게 해결할 수 있을지 고민했습니다. 이런 고민 속에서 우리는 뜻을 모을 수 있었습니다.

〈벌거벗은 한국사〉는 과거행 특급 열차 히스토리 트레인 익스프레스(HTX, History Train Express)를 타고, 한국사 여행을 떠납니다. 반만년 우리 역사의 수많은 사건과 인물들이 있는 '역사의 현장'에 도착하지요. 그리고 그 뒤에 숨은 이야기를 벌거벗겨 봅니다.

많은 역사적 사실들은 어렵고 딱딱하고 접근하기 어려운 부분이 있지만, 역사의 현장감을 살린 쉽고 재미있는 스토리텔링 방식이라면 한국사를 부담 없이 즐길 수 있을 거예요.

이 책은 방송 프로그램에서 방영되었던 방대한 역사적 사건과 인물들 중 초등학생이 꼭 알아야 할 필수적인 이야기를 엄선했어요. 주인공들과 함께 HTX를 타고 과거로 가 생생한 현장을 마주하고, 매직 윈도우로 당시와 현재를 보면서 한국사를 낱낱이 벌거벗기는 여행을 합니다. 이 과정을 통해 어린이는 스스로 '역사 속 주인공'으로 몰입할 수 있어요. 역사 지식을 단순히 아는 것에서 나아가 사건과 인물이 처한 환경과 인과 관계까지 파악할 수 있어 역사적 사고력을 키울 뿐만 아니라, 올바른 역사의식도 세울 수 있지요.

그럼, 지금부터 한국사 여행 출발해 볼까요?

등장인물

HTX 기관사 한역사
이름에서 풍겨 나오는 역사의 냄새!
한국사를 꿰뚫고 있는 역사 선생님!
선생님이라고 말하지 않으면 옆집 아저씨 같다.
수일 동안 작업실에서 뚝딱뚝딱하더니
HTX 열차를 개발했다. 이쯤이면
역사 선생님인지 과학자인지 헛갈릴 정도!

HTX VIP 탑승객 이조선 교수
끼리끼리 만난다는 말의 표본!
한 쌤과 역사로 통하는 오랜 친구로,
특히 조선 역사라면
누구보다 할말이 많다.

차례

등장인물 • 6
프롤로그 • 10

오백 년 조선을 연 태조 이성계

- **1장** 고려의 전쟁 영웅, 이성계 • 18
- **2장** 개국! 새로운 나라 조선 • 44

강력한 왕권으로 조선을 안정시킨 태종 이방원

- **3장** 인정받지 못한 아들, 이방원 • 68
- **4장** 강력한 왕권, 중앙 집권 체제 • 92

에필로그 • 116

| 1231 몽골의 고려 침입 | 1356 공민왕, 쌍성 총관부 수복 | 1362 이성계, 홍건적 평정 | 1380 이성계, 황산 대첩 승리 | 1388 위화도 회군 | 1392 조선 건국 |

세계사
1234 몽골, 금 정복
1271 몽골, 원 성립
1368 원 멸망, 명 건국

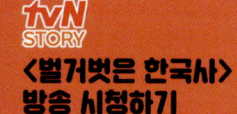

〈벌거벗은 한국사〉 방송 시청하기
↳1화 ↳14화

역사 정보

❶ 시대 배경 살펴보기 • 122

❷ 인물 다르게 보기 • 124

❸ 또 다른 역사 인물들 • 126

• 주제 마인드맵 • 128

벌거벗은 한국사 퀴즈

• 태조 편 • 130

• 태종 편 • 132

• 정답 • 134

사진 출처 • 135

| 1394 한양 천도 | 1400 태종 즉위 | 1402 호패법 실시 | 1409 태종, 선위 파동 | 1418 태종, 세종에 선위 |

1405 정화의 항해 시작

프롤로그

"애들아, 안녕? 나는 한역사 선생님이에요. 줄여서 한 쌤이라고 불러도 좋아요."

HTX에 타자 웬 아저씨가 기다렸다는 듯이 인사를 했어요.

"쌤, 이름이 역사예요? 어떤 역사요? 한국사? 세계사?"

만세가 장난을 치자, 마이클이 눈을 부릅뜨고 말했어요.

"오, 노우! 동방예의지국의 어린이는 그러면 안 돼!"

"동방예의지국? 김칫국 같은 국 이름이야? 큭큭!"

"오, 마이 갓! 동방예의지국은 동쪽에 있는 예의에 밝은 나라라는 뜻이야. 예전에 중국이 한국을 이르던 말인데, 이걸 모른단 말야?"

"나도 알아. 그냥 장난친 건데 얘, 진지하네."

마이클의 핀잔에 만세가 넉살 좋게 웃으며 말했어요.

"여러분, 우리 HTX에 같이 탔으니 서로 자기소개를 해 볼까요?"

"선생님, 저부터 할게요. 저는 사극 덕후 나여주예요. 사극에 나오는 역사를 더 알고 싶어서 한국사 여행에 참가했어요."

"저는 미국에서 온 케이 팝을 좋아하는 마이클입니다. 저의 할머니는 한국인이라서 한국 문화와 역사를 배우려고 신청했습니다."

"전 천만세. 힘이 무척 세죠. 엄마가 힘만 기르지 말고 역사

공부도 하라고 보내 주셨어요!"

"여러분 모두 HTX에 탑승한 걸 환영해요. HTX는 여러분한테 한국사를 재미있게 알려 주고 싶어서 내가 직접 개발했어요."

"그럼 이 열차를 타고 어디로 가는 거예요?"

여주의 물음에 한 쌤이 대답하기도 전에 만세가 큰소리로 외쳤어요.

"이야! 신난다. 우리 바다 보러 가요!"

그 순간 한 쌤이 당황해 헛기침을 하며 말했어요.

"흠흠, HTX는 과거행 특급 열차랍니다."

"HTX를 풀어 쓰면
히스토리 트레인 익스프레스(History Train Express)예요.
과거로 한국사 여행을 떠날 수 있는 열차로
원하는 시대, 어디에나 갈 수 있지요."

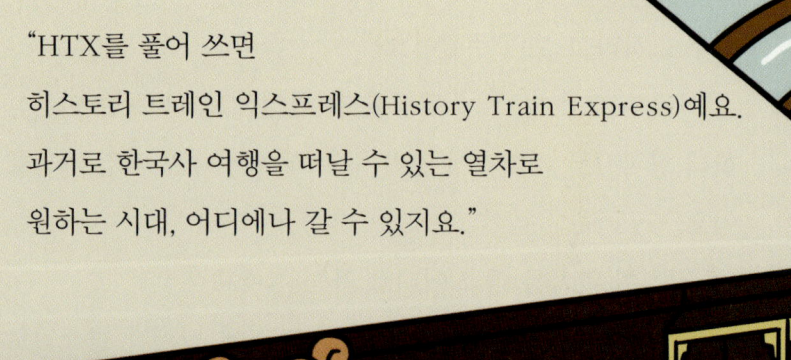

우리는 HTX를 타고 특별한 시간 여행을 할 거예요. 과거로 가서 역사 현장을 생생하게 보고, 매직 윈도우로 당시와 현재를 보면서 한국사를 낱낱이 벌거벗길 거랍니다.

"쌤, 우리의 첫 한국사 여행은 어디로 갑니까?"

마이클이 잔뜩 기대를 하며 물었어요. 한 쌤이 매직 윈도우를 누르자 화면에 승차권이 떴어요.

"여러분도 갖고 있는 HTX 승차권에는 목적지가 숫자로 써 있어요. 바로 역사 연도랍니다. 첫 번째 한국사 여행은 1380년, 1409년으로 갈 거예요. 조선 건국이 한창인 때이지요. 고려 최고의 장군 이성계는 왜 새로운 나라를 세웠을까요? 조선을 건국한 이방원은 왜 왕자의 난을 일으켰을까요? 쌤이 그 숨겨진 역사를 낱낱이 벌거벗겨 알려 줄게요."

"쌤, 어서 빨리 출발해요!"

"출발하기 전에 오늘 여행을 함께 떠날 VIP 탑승객이 있답니다. 마침 저기 오네요."

바로 그 순간 HTX 문이 벌컥 열렸어요.

"여러분, 안녕? 나는 한 쌤의 친구 이조선 교수랍니다. 조선에 관해서 궁금한 게 있다면 무엇든지 물어보세요."

"자, 그럼 모두 탔으니 과거로 떠나는 한국사 여행의 첫 출발을 해 볼까요?"

한 쌤이 매직 윈도우를 누르자 HTX가 서서히 플랫폼을 출발했어요.

HTX 승객 여러분 안녕하십니까?
우리 열차는 잠시 후 1380년에 도착할 예정입니다.
안전하고 즐거운 여행이 되시길 바랍니다.
감사합니다.

오백 년 조선을 연 태조 이성계

고려의 전쟁 영웅, 이성계

우리는 지금 고려의 멸망을 12년 앞둔 1380년에 도착했어요. 이곳은 전라북도 남원 부근의 황산이에요. 수천 명이 목숨을 잃은 현장이지요. 그때 냇물에 얼마나 많은 피가 흘렀는지, 지금까지도 바위에 마치 핏물 같은 붉은 물이 고여서 '피바위'라고 불린답니다.

여기서 피를 흘린 사람들은 노략질과 살육을 일삼던 왜구들이었어요. 그리고 이 왜구들을 궤멸시킨 주인공은 바로 조선 건국의 아버지, 태조 이성계였어요.

목숨을 아끼지 않고 고려를 지켜 낸 이성계는 왜 고려를 멸망시키고, 새로운 나라 조선을 건국한 주인공이 되었을까요? 이제부터 그 속 이야기를 한 꺼풀씩 벌거벗겨 볼게요.

태조 이성계 ↑

동북면의 떠오르는 샛별

조선 왕조를 연 이성계는 1335년, 원의 땅인 동북면에서 태어났어요. 고려인 이성계는 왜 원의 땅에서 태어났을까요?

이성계가 태어나기 100여 년 전인 1231년, 고려는 칭기즈 칸이 세운 몽골 제국에게 침략을 당했어요. 고려는 몽골에 맞서 무려 40여 년이나 결사 항전했지만, 끝내 몽골을 이길 수는 없었어요.

> **몽골 제국**
> 역사상 가장 큰 제국을 이룬 나라로, 1206년 칭기즈 칸이 세웠다. 1271년 국호를 '원'으로 바꿨고, 1368년 멸망했다.

↓ 이성계가 태어날 당시 고려

전쟁이 끝나고 몽골은 고려에게 이것저것을 요구했어요. 몽골은 이후 나라 이름을 '원(元)'으로 바꾸었으니까 지금부터는 원이라고 부를게요.

먼저 고려의 왕자가 원에서 교육받고 원의 공주와 결혼하도록 했어요. 고려의 왕자를 원 황제의 사위로 삼은 거예요. 원 황제는 장인어른으로서 사위의 나라인 고려에 감 놔라 대추 놔라 온갖 간섭을 했답니다.

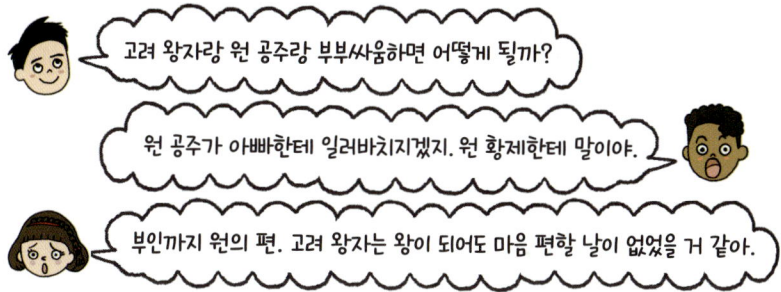

원은 고려의 땅도 일부 빼앗아 서북면 서경에 동녕부, 동북면 화주에 쌍성총관부 등을 두어 그 주변 땅을 다스렸어요. 이성계는 고려가 원의 간섭을 받았던 시기, 원에 빼앗겼던 동북면에서 태어났기 때문에 원의 백성으로 살게 된 것이지요.

이성계는 어릴 때부터 몸집이 크고 총명한 아이였어요. 동네에서 전쟁놀이를 하면 항상 대장을 했지요. 특히 활 솜씨가 최고였어요.

하루는 아버지 이자춘의 셋째 부인 김 씨가 이성계의 활 솜씨를 시험해 보고 싶어서 이성계에게 말했어요.

"저기 담 위에 있는 까마귀들 보이지? 저 까마귀들을 맞춰 보거라."

이성계는 화살 하나를 꺼내서 쏘았어요. '핑!' 화살 하나에 까마귀 다섯 마리가 나란히 꿰여 바닥에 떨어졌지요.

'소문이 진짜구나!'

김 씨는 몹시 놀라며 이성계를 칭찬했어요. 이성계의 활 솜씨는 동북면 일대에서 유명했어요. 신궁으로 불렸던 고구려의 주몽이 다시 태어났다는 칭송을 들을 정도였지요.

이성계가 스물한 살이 될 무렵이었어요. 고려의 공민왕은 원의 간섭에서 벗어나야겠다고 결심하고 동북면을 되찾아 오기로 해요. 1356년 고려군은 원이 설치했던 쌍성총관부를 공격했어요. 이때 이성계의 아버지 이자춘이 고려군의 편이 되어 싸운 덕분에 고려는 쌍성총관부를 쳐 100여 년 만에 동북면 땅을 되찾는 데 성공했어요.

↑ 공민왕과 노국 공주

　이자춘은 쌍성총관부 수복의 공을 인정받았고 고려의 관리가 되어 동북면을 다스렸어요. 그리고 이자춘의 옆에는 이성계가 있었지요. 이성계는 이때부터 무장으로서 존재감을 드러내기 시작했어요. 이성계는 그 누구도 따라올 수 없는 활 솜씨를 가졌고, 어떤 군대도 쉬이 덤빌 수 없는 특별한 군대를 거느리고 있었어요. 한 명 한 명이 최강의 전투력을 자랑하는 강철 부대, 바로 가별초였어요.

HTX VIP 한국사 보태기 ▶

이성계의 강철 사병 부대 '가별초'

가별초에 대해서는 제가 직접 설명해 줄게요. 가별초는 동북면 최강의 전투력을 자랑하는 강철 부대로, 이성계 집안에 대대로 내려온 사병 집단이에요. 가별초는 무엇이 특별했는지 살펴볼까요?

1 어마어마한 규모

가별초는 1천~3천 명 규모로, 다른 사병 부대에 비해 많았어요. 이성계는 동북면 주변의 여진족, 몽골족 등을 받아들여 가별초의 규모와 힘을 키웠어요.

2 능력치 최고의 기마병

가별초의 다수를 이루는 여진족은 험준한 산지에서 사냥 생활을 해 활쏘기와 말타기에 뛰어났어요. 이들의 뛰어난 전투력과 기동력은 전쟁터에서 막강한 위력을 뽐냈어요.

3 위협적인 대라 소리

가별초는 돌격하기 직전에 거대한 소라로 만든 나팔인 '대라'를 불었어요. 대라 소리가 울려 퍼지면 적군들은 벌벌 떨었어요. 곧 이성계가 나타난다는 신호니까요.

가별초는 이성계와 함께 30년여 동안 전장을 누볐어요. 가별초는 이성계가 모든 전쟁에서 승리하도록 돕는 든든한 후원자였답니다.

가별초를 이끈 이성계는 전쟁에서 한 번도 진 적이 없는 백전백승의 영웅이에요. 젊은 시절부터 뛰어난 전투력과 함께 남다른 리더십을 보여 줬지요.

이성계는 전투에 나서기 전에 자신의 주특기인 활 솜씨로 병사들의 자신감을 높였어요. 이성계는 병사들 앞에 서서 당당하게 말했어요.

"고려 제일 병사들이여! 저 멀리 소나무를 보아라. 내가 활을 쏘아 저 소나무 꼭대기에 달린 솔방울을 맞춰 떨어뜨린다면 오늘도 승리는 우리의 것이다!"

이성계는 숨을 한 번 크게 들이쉬고 활을 당겼어요.

"슈슝!"

화살은 바람을 가로질러 이성계가 가리켰던 바로 그 솔방울 가지 끝을 맞췄어요. 솔방울이 툭 하고 땅에 떨어졌지요.

"와!"

병사들은 하늘로 치솟는 함성 소리를 냈어요. 그때 이성계는 병사들에게 큰 소리로 명령을 내렸어요.

"적진 앞으로!"

병사들은 이성계의 명령에 맞춰 적군을 향해 돌격했어요. 이성계의 말을 믿고 자신감을 얻은 병사들은 승리에 승리를 거듭했지요.

이성계가 솔방울을 맞췄으니, 승리는 당연히 가별초의 것!

외우내환, 혼란에 빠진 고려

이성계는 아버지의 뒤를 이어 동북면을 다스리며 북쪽의 국경을 지켰어요. 그러던 어느 날 이성계에게 인생의 전환점이 되는 사건이 터집니다. 잠깐 당시 상황을 살펴볼까요?

원은 중국 대륙 전역을 장악한 뒤 중국 인구의 대다수인 한족을 차별해 왔어요. 그러다 14세기 후반 원이 왕위 다툼으로 힘이 약해지고 왕실의 사치가 심해지자 한족 농민들이 몽골족의 지배에 반기를 들고 반란을 일으켰어요. 바로 홍건적의 난이 일어난 거예요. 홍건적은 머리에 붉은 수건을 쓰고 다닌다고 해서 붙여진 이름이에요.

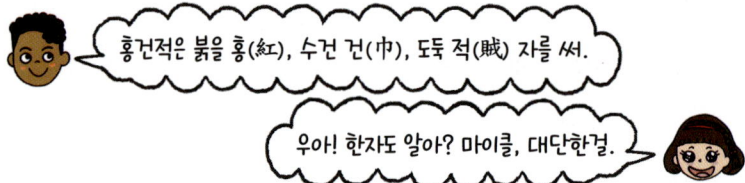

홍건적의 기세는 대단했으나 곧 원 군대의 반격을 받고 쫓기다 고려까지 쳐들어왔어요. 1361년 11월, 고려의 수도 개경은 20만 명이 넘는 홍건적에게 삽시간에 함락당하고 말았어요. 공민왕은 개경을 떠나 경상도로 피난을 떠나야 했지요.

개경에 들어온 홍건적은 백성들을 마구 해쳤어요. 백성들이

　절망에 빠져 있을 때 이성계가 2천여 명의 가별초를 이끌고 개경으로 왔어요.
　"부-우-웅! 뿌-우-웅!"
　천지가 흔들릴 정도의 대라 소리는 가별초의 등장을 알리는 신호였어요! 이성계는 홍건적 우두머리의 목을 날려 버리며 개경을 되찾았어요. 백성들은 환호성을 지르고 앞다투어 마실 것을 내놓았어요. 공민왕은 이성계에게 '경성 수복 1등 공신'이라는 훈장을 내리지요. 이때부터 이성계는 고려 최고의 명장으로 고려 백성들의 마음속에 자리 잡게 되었답니다.

이성계는 고려와 백성을 지켜야 할 때면 어떤 전투도 마다하지 않았어요. 전투마다 승리를 이끌며 많은 공을 세웠지요. 이성계는 실력을 인정받아 중앙 조정에 나가고 싶었어요. 그러나 조정에는 이성계를 못마땅하게 보며 앞길을 막는 세력이 있었어요. 바로 권문세족이었죠.

권문세족은 원의 간섭을 받던 시기에 등장한 최상위 지배층이었어요. 이들은 원에 갔던 고려의 왕자를 도왔던 측근이거나 원과 가까운 친원파 사람들로, 정치권력과 경제적 부를 독점하여 권세를 누렸어요.

특히 친원파들은 훗날 친일파가 그랬던 것처럼, 원에게 빌붙어 비위를 맞추며 자기 배를 불렸어요. 마음대로 벼슬을 차지하고 돈을 받고 벼슬을 팔았고, 옳지 않은 방법으로 백성들의 땅을 빼앗아 가졌어요.

권문세족은 문서를 조작해 땅을 늘리고, 농민에게 비싼 이자를 물게 해서 빚을 갚지 못하면 땅을 뺏고 노비로 삼았어요. 좋은 땅을 보면 땅 주인을 때려서라도 땅을 빼앗기도 했어요. 이때 생긴 말이 하나 있어요. '수정목 공문'이라는 말인데, 수정목은 물푸레나무로 만든 몽둥이, 공문은 국가에서 발행한 문서를 가리켜요. 몽둥이를 휘둘러

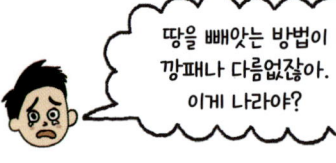

땅을 빼앗는 방법이 깡패나 다름없잖아. 이게 나라야?

만든 문서가 국가의 공문보다 더 힘이 셌으니, 법보다 몽둥이가 강했던 거지요.

　권문세족들은 나라 살림에도 큰 손해를 입혔어요. 고려 시대 때 세금은 땅을 가진 이들이 냈는데, 권문세족은 많은 땅을 갖고도 세금을 안 냈어요. 여기에 농민의 땅을 뺏어 버렸으니, 세금을 낼 농민도 줄어들었지요. 세금이 부족하니 고려는 군인에게 줄 월급도 부족했어요. 당연히 국방력이 약해졌겠죠?

　이성계는 밖으로는 외적의 침략, 안으로는 권문세족의 수탈로 고통받는 백성들을 보고 있자니 마음이 무척 답답했어요. 하지만 조정은 권문세족이 주류를 차지하고 있으니 어찌할 도리가 없었지요.

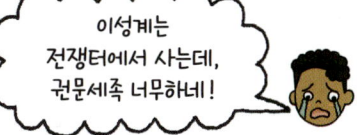

권문세족은 누구와도 권력을 나누고 싶지 않았어요. 그 사람이 전쟁터에서 많은 공을 세우고 공민왕의 신임을 받는 이성계일지라도요. 게다가 권문세족들은 이성계가 수도 개경이 아닌 북쪽 변방의 동북면 출신인 것도 마음에 들지 않아 했어요. 완전히 고인 물, 권문세족 때문에 고려는 점점 무너져 가고 있었답니다.

개혁 세력, 신진 사대부의 등장

> **성리학**
> 공자의 가르침을 근본으로 삼는 학문인 유학의 한 갈래로, 도덕과 명분을 중시하고, 현실 개혁을 추구했다.

권문세족들의 횡포로 백성들의 시름이 깊어갈 때, 새로운 세력이 나타납니다. 바로 '신진 사대부'예요. 신진 사대부는 성리학을 공부한 유학자들로, 성리학을 바탕으로 고려 사회의 문제들을 해결하려고 했어요.

신진 사대부는 대부분 지방 향리 출신으로 청렴하게 살아왔어요. 도덕적으로 깨끗했던 이들은 원과 가까이하며 권세를 누리고 부정부패를 일삼는 권문세족을 비판했어요. 특히 권문세족의 대토지 소유가 백성과 나라의 살림을 어렵게 만

들었다며 토지 제도를 개혁해야 한다고 주장했지요. 또 힘이 약해진 몽골족의 원보다 한족이 새롭게 세운 명과의 관계를 중시했어요.

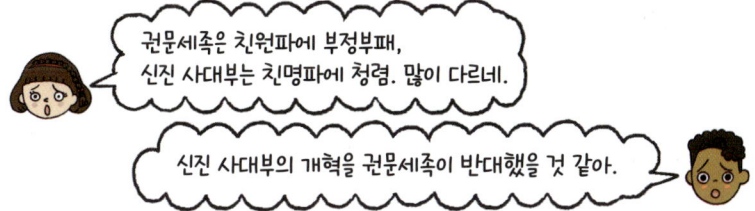

공민왕은 친원파 권문세족에 맞서 개혁 정책을 펼치기 위해 신진 사대부에 힘을 실어 주었어요. 주로 과거를 통해 관리가 된 신진 사대부들은 공민왕의 개혁을 뒷받침했지요. 그중에는 누구보다 고려의 개혁을 바랐던 정몽주가 있었어요.

정몽주는 문관이었지만, 전쟁터에 나가기도 했어요. 전쟁은 무관 중심으로 치르지만, 책략을 세우고 행정적인 일을 할 참모도 필요했거든요. 정몽주는 관리가 된 지 얼마 되지 않아 여진족과의 전투 현장에 나갔다가 백전백승의 장군, 이성계를 만나게 됩니다.

당시 고려군은 여진족에게 연달아 패하며 쩔쩔매고 있었어요. 이때 이성계가 가별초를 이끌고 나타났고, 단 한 번의 전투로 여진족을 무찔렀어요. 이 장면을 본 후 정몽주는 이성계를 자신이 꿈에 그려 왔던 영웅이라고 생각하게 됐답니다. 여기서 퀴즈!

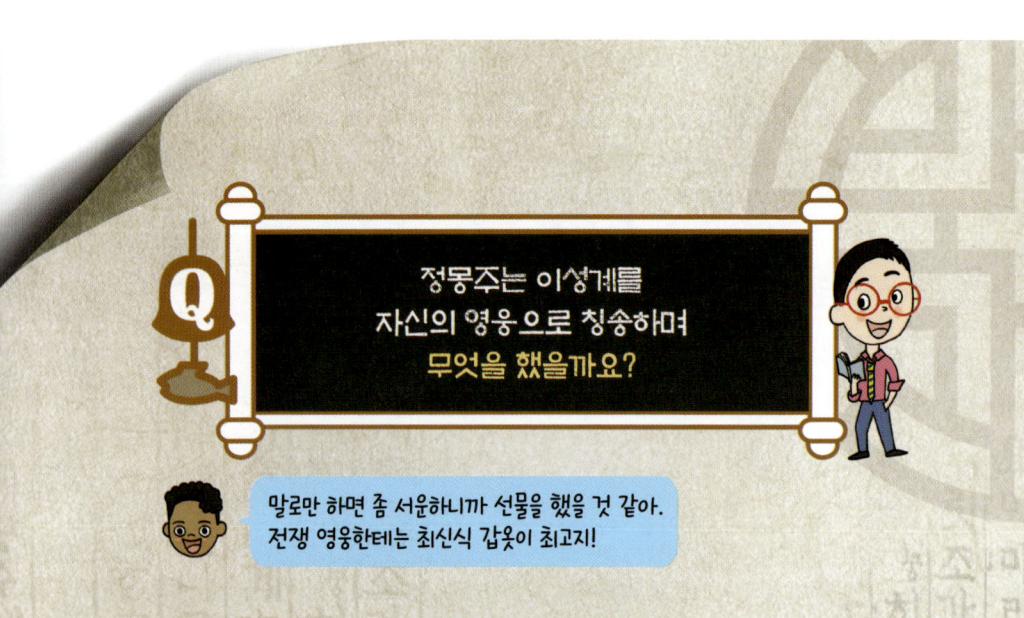

Q. 정몽주는 이성계를 자신의 영웅으로 칭송하며 무엇을 했을까요?

말로만 하면 좀 서운하니까 선물을 했을 것 같아. 전쟁 영웅한테는 최신식 갑옷이 최고지!

이성계는 신궁! 막 쏘아도 명중하는 특별한 활과 화살을 선물로 줬을 것 같은데.

 전투에서 이기려면 뭐니 뭐니 해도 체력이 중요하잖아. 보약이나 삼계탕 같은 거 아니었을까?

여러분, 정몽주는 이성계에게 선물을 하지는 않았어요. 영웅 이성계를 떠올리며 뭔가로 표현했지요.

 내 마음 속에 저장, 사진 찰칵? 아, 이땐 사진이 없었으니까 초상화 그리기?

 쌤, 정몽주는 문관이니까, 글! 글을 썼어요. 옛날 한국인들은 글을 많이 썼잖아요.

정답! 정몽주는 훗날 이성계를 떠올리며 시를 썼어요. 그 시는 정몽주의 문집인 〈포은집〉에 실려 있지요. 시를 한번 읽어 볼까요?

풍모가 호걸 같으니
꽃동산의 송골매로구나
지략이 깊고 웅대하니
남양의 용이로다
서책에서 옛사람의 행적을 찾아와도
그대와 같은 이는 드물구나.

- 정몽주 〈송헌 이시중의 화상을 찬미하여〉 중

이후 정몽주는 이성계에게 신진 사대부 학자들을 소개해 줍니다. 이성계는 학자들과 교류하면서 고려 개혁에 대한 생각을 품게 되지요. 신진 사대부 정몽주와 동북면의 신흥 무인 이성계의 만남은 고려 개혁의 불씨가 되었답니다.

황산 대첩의 영웅, 이성계

공민왕은 신진 사대부와 함께 고려를 개혁해 나가기 시작했어요. 마침 중국 대륙에서 원은 힘이 크게 약해지고, 명이 세력을 키우고 있었어요. 공민왕은 이때를 기회 삼아 친원파 권문세족을 청산해 나갑니다. 그런데 1374년 9월, 고려의 개혁이 좌초되는 큰 사건이 일어나고 맙니다. 개혁을 이끌던 공민왕이 갑자기 세상을 떠난 거예요.

고려는 다시 혼란에 빠졌어요. 개혁에 앞장섰던 신진 사대부가 쫓겨나고 권문세족이 다시 권력을 잡았지요. 그런데 당시 고려를 혼란에 빠뜨렸던 건 권문세족만이 아니었어요. 고려 백성을 끈질기게 괴롭혔던 또 하나의 무리, 바로 왜구˙였어요.

> **왜구**
> 한반도와 중국 해안 일대를 약탈했던 일본 해적을 가리킨다.

↑ 고려 말 왜구가 침입한 지역

　왜구는 신라 시대부터 우리나라를 침입했는데, 고려 말에는 왜구의 침범이 부쩍 심해졌어요. 1350년부터 고려가 망할 때까지 42년 동안 총 506회, 1년 평균 12회 이상 침입했어요. 1377년에는 무려 52회 이상, 일주일에 한 번 꼴로 쳐들어왔어요.

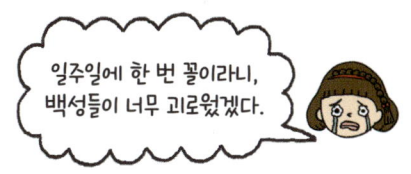

일주일에 한 번 꼴이라니, 백성들이 너무 괴로웠겠다.

　왜구의 침략으로 위기에 처한 고려를 구한 세 사람이 있었어요. 한 사람은 패배를 모르는 40대의 명장 이성계, 또 한 사람은 50대의 장군이자 발명가인 최무선, 마지막으로 60대의 백전노장 최영이었지요.

최영은 1376년 7월 오늘날 충남 부여군 홍산에 침입한 왜구를 물리쳤어요. 당시 최영은 예순한 살이었는데, 입술에 화살을 맞고도 물러서지 않고 왜구와 싸워 끝내 승리했어요. 왜구들은 물러가면서 이런 말을 남겼다고 해요.

"우리가 두려워하는 자는 백발의 최영뿐이다."

최영이 홍산 대첩으로 왜구에게 본때를 보인 뒤 왜구는 잠잠한 듯했어요. 하지만 그건 잠시 뿐이었어요. 왜구는 다시 고려에 침입해 백성들을 못살게 굴었어요. 그러다 1380년에는 무려 500척의 배를 끌고 쳐들어왔어요.

 **HTX VIP 보태기**

고려 말 쳐들어온 왜구의 규모
당시 배는 한 척에 탈 수 있는 인원이 30명 혹은 40명이었다고 해요. 그럼 30명일 때는 30×500=1만 5천 명, 40명일 때는 40×500=2만 명이에요. 왜구는 해적이라고 했잖아요. 쳐들어온 해적의 수가 이 정도라면 정말 어마어마한 규모였어요.

왜구는 금강 하구의 진포에 배들을 댄뒤 인근 마을을 약탈하고 불을 질렀어요. 그러면서 고려인들, 심지어 여인과 아이까지 죽이는 만행을 저질렀어요. 왜구가 지나간 마을은 쑥대밭이 됐고 시체가 산을 이뤘지요.

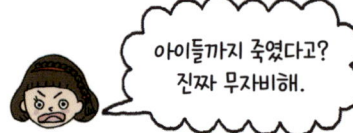

<동국신속삼강행실도>에 실린 고려 말 왜구의 만행

고려 조정은 마침 화포를 만드는 데 성공한 최무선을 진포로 보냈어요. 최무선은 신무기 화포를 사용해 왜구들이 진포에 댄 배들을 모조리 불태우고, 배를 지키고 있던 왜구들을 크게 무찔렀어요. 화포를 사용해 바다에서 승리한 이 전투를 진포 대첩이라고 한답니다.

돌아갈 배가 없어지자 왜구들은 내륙으로 달아났어요. 금강을 따라 지리산을 넘어 남원까지 가면서 왜구들은 곳곳에서 짐승만도 못한 짓을 서슴없이 저질렀어요.

고려군은 충청도, 경상도, 전라도를 들쑤시는 왜구를 제대로 막지 못했어요. 그러자 왜구들은 기세등등해져서 급기야 북쪽으로 진군하겠다고 큰소리를 쳤지요. 북쪽은 바로 수도 개경이에요. 결국 고려 조정은 왜구를 막기 위해 이성계를 불렀어요.

가별초를 이끌고 남원에 도착한 이성계는 곧바로 전투에 나서려고 했어요. 그런데 고려 지휘관들이 반대를 했어요.

전투를 반대한 첫 번째 이유는 고려군의 사기가 바닥까지 떨어져 있다는 거였어요. 왜구에 연이어 패한데다 고려군의 수보다 왜구가 10배 가까이 많으니 전투에 나설 엄두가 안 났지요.

두 번째 이유는 왜구가 높은 산 위에 진을 치고 있다는 거였어요. 왜구를 치려면 산을 올라야 하는데, 왜구가 산속에 숨어 있다가 갑자기 공격하면 꼼짝없이 당할 거라고 했지요.

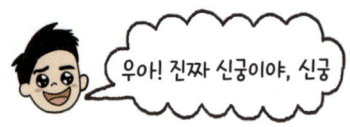

상황은 불리했지만 이성계에게는 필승 전략이 있었어요. 첫 번째는 백발백중 활 솜씨! 이성계는 군의 사기

를 올리는 방법을 잘 알고 있었어요. 자신이 맨 앞에서 활을 쏘았고, 화살 50여 개가 모두 적에게 명중했어요! 이성계의 활약 덕분에 병사들의 사기가 살아났지요.

  두 번째는 왜구의 방어력을 분산시키는 전술이었어요. 왜구는 산 위에 진을 쳤다고 했죠? 이성계는 왜구가 진을 치거나 숨어 있을 만한 곳을 크게 돌아서 공격하는 전술을 썼어요. 그러자 왜구가 방어를 하기 위해 흩어지며 빈틈이 생겼고, 이성계는 전투의 주도권을 잡았어요.

  이성계는 때를 놓치지 않았어요. 마치 몰이사냥을 하듯 왜구를 한곳에 몰았어요. 이성계가 쏜 화살에 왜구의 우두머리가 맞아 쓰러지자 왜구들의 기세는 크게 꺾였어요.

왜구들이 도망치기 시작하자 고려 정규군과 가별초는 사방에서 공격을 퍼부었어요. 왜구들의 시체가 산과 들을 뒤덮었고, 냇물은 왜구들의 피로 붉게 물들었지요. 고려군보다 10배나 많았던 왜구는 겨우 70명만 살아남아 줄행랑을 쳤어요.

 그야말로 대승을 거둔 이 전투가 바로 '황산 대첩'이에요. 고려 역사에서 왜구와 벌인 최대 규모의 전투, 최고의 승리를 거둔 전투였지요.

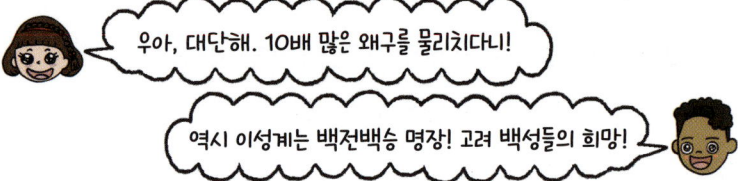

 이 황산 대첩의 격전지가 바로 우리가 HTX를 타고 첫 번째로 도착한 이곳, 피바위였답니다. 왜구의 피가 스며들어 붉어졌다는 피바위이지요!

 황산 대첩이 벌어진 이 바위는 지금도 사시사철 피로 붉게 물들어 있어요. 그런데 정말 바위에 핏물이 배여 아직까지 붉은 걸까요? 사실 이 바위는 일반 바위보다 철분이 9퍼센트 가량 많이 들어 있다고 해요. 철분이 많은 바위가 오랜 시간 물과 닿아 철이 산화해

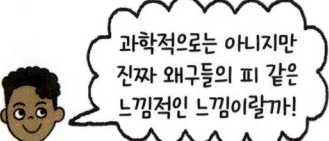

↑ 황산 대첩을 기념하는 비가 있는 남원 황산 대첩비지

서 붉은빛이 도는 거래요.

　피바위가 붉은빛이 도는 이유는 과학적으로 밝혀졌지만, 여전히 왜구의 피 때문에 붉다는 전설은 이어져 오고 있어요. 그만큼 황산에서의 전투가 치열했다는 뜻이겠지요?

　황산 대첩 이후로 왜구의 침략은 현저히 줄어들게 됩니다. 훗날 사람들은 이성계가 왜구들을 격퇴했던 이곳을 기념하여 비석을 세웠어요. 그 비석이 전북 남원 황산 대첩비지에 있어요. 비석에는 이런 내용이 새겨져 있었다고 해요.

> "아군보다 열 배가 넘는 왜적을 대파함으로써 만세에 평안함을 이루었으니 이 업적을 기려 비석을 세운다."

↑ 일제가 파괴한 비석　　　다시 만든 비석 ↑

　그런데 황산 대첩 약 200년 뒤인 1577년에 세워졌던 이 비석은 지금 산산이 부서져 있답니다. 비석이 세워지고 300년도 넘게 지난 뒤, 우리나라를 식민지로 만든 일본이 한 짓이었지요.
　일본은 비석에 새겨진 글자 하나하나를 정으로 쪼아 내용을 알아볼 수 없게 만들고, 그것도 모자라 비석을 깨부수어 놓았어요.

일본의 입장에서 황산 대첩은 고려보다 훨씬 많은 수의 인원이었음에도 불구하고 패배한 전투예요. 치욕적인 패배를 다시금 떠올리게 하는 비석이 못마땅했을 테죠. 하지만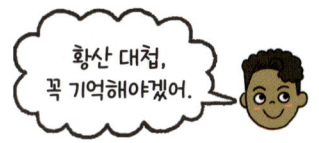
역사를 지울 수는 없어요. 황산 대첩비는 우리나라가 일제에서 해방된 뒤인 1957년에 다시 만들어 세웠답니다.

왜구에게 500년이 넘도록 치욕을 남긴 황산 대첩! 이성계는 황산 대첩으로 고려 최고 권력자 최영의 눈에 들면서 중앙으로 나아가게 돼요. 이성계는 이제 더 이상 변방의 장수로 불리지 않았어요. 백성들에게는 최영 장군과 어깨를 나란히 하는 전쟁 영웅으로 불렸고, 중앙 정치 무대에서도 주목받는 인물로 떠올랐답니다.

2장

오백 년 조선을 연 태조 이성계
개국, 새로운 나라 조선

우리가 탄 HTX는 이제 1388년 위화도에 왔습니다. 김정호가 제작한 〈대동여지도〉에서 위화도를 찾아보면, 평안북도 압록강 하류에 위치해 있어요. 1388년, 이성계는 우왕과 최영 장군에게서 요동 정벌 명령을 받고 군대를 이끌고 위화도에 갔어요. 이 강만 건너면 요동이고, 명 대군과 전쟁을 시작해야 하는데 이성계는 망설입니다.

"진군이냐, 회군이냐?"

이성계에게 닥친 일생일대의 고민이었지요. 위기 때마다 고려를 지켜 내서 백성들의 영웅이 되었던 이성계는 과연 어떤 선택을 할까요? 이제부터 이성계의 선택을 따라가 보겠습니다.

고려의 영웅에서 역적이 된 이성계

1383년 가을, 이성계는 고향 땅 함흥에 주둔하고 있었어요. 여진족을 공격하기 위해서였지요. 이때 한 남자가 이성계를 찾아옵니다. 정몽주와 같은 신진 사대부로 새로운 세상을 꿈꾸며 고려의 개혁을 바라던 이 사람은, 바로 정도전이었어요.

당시 정도전은 매우 어려운 처지였어요. 권문세족의 친원 정책을 비판했다가 관직에서 쫓겨난 뒤 유배와 유랑 생활을 9년 가까이 했으니까요. 이때 정도전은 전국을 떠돌아다니며 백성들이 얼마나 비참하게 살고 있는지를 목격했어요.

"지금 고려는 백성들의 고통을 외면하고 있어. 개혁, 아니 혁명이 필요해!"

정도전은 새로운 세상을 꿈꿨지만, 관직에서 멀어져 있으니 답답하기만 했지요. 그런 정도전에게 오랜 벗이던 정몽주가 이성계를 만나 보라고 했어요. 정도전은 그렇게 이성계를 만나기 위해 함흥으로 향했습니다.

함흥에 온 정도전은 가별초를 보고 깜짝 놀랐어요. 오합지졸 고려 군대와 달리 가별초는 기강이 잘 잡혀 있었거든요. 이성계와 인사한 뒤, 정도전은 조용히 이런 말을 건넸어요.

"들어오면서 병사들을 보았는데, 엄격한 군기에, 절도 있는 병사들의 몸놀림이 아주 민첩하더이다. 이성계 장군! 이 군대로 무슨 일인들 성공하지 못하겠습니까?"

정도전의 알쏭달쏭한 말에 이성계는 멈칫했어요. 정도전을 물끄러미 쳐다보다가 되물었지요.

"무슨 일이라니요?"

사실 정도전이 건넨 말에는 숨겨진 뜻이 있었어요. '이 군대로 혁명을 일으켜 보면 어떻겠는가!'라는 거였지요. 하지만 마음속 생각을 입 밖으로 꺼낼 수는 없었지요. 그건 반역죄니까요. 정도전은 속마음을 숨기고 웃으며 대답했어요.

"하하. 이 정도 군사라면 왜구쯤은 쉽게 물리칠 수 있겠다는 뜻입니다."

"아, 그 말씀이시군요. 허허"

이성계도 더 묻지 않고 큰소리로 웃을 뿐이었어요.

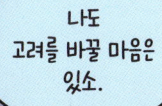

정도전을 만나고 난 후, 이성계는 이전과 다른 모습을 보여 주기 시작했어요. 이민족의 침략을 방어하는 국방을 책임지던 이성계가 나라를 다스리는 '정치'에 관심을 갖게 된 거예요. 고려의 부정부패를 척결해서 백성들을 잘 살게 해 주고 싶은 두 사람의 마음이 통한 것이지요.

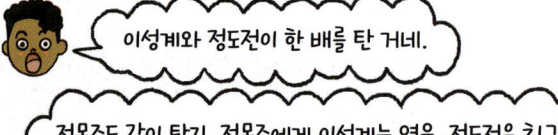

이성계와 정도전이 한 배를 탄 거네.

정몽주도 같이 탔지. 정몽주에게 이성계는 영웅, 정도전은 친구잖아.

이 무렵 고려의 운명을 가름할 역사적인 순간이 서서히 다가오고 있었습니다. 중국 대륙에서 쇠락의 길을 걷던 몽골족의 원이 밀려나고 한족이 새로이 명을 세웠어요. 홍건적의 난으로 시작된 한족 농민의 반란이 끝내 원을 무너뜨린 거예요.

원의 땅은 이제 명의 땅, 내 땅 내놔.

1388년 명의 태조 주원장은 고려에 어처구니없는 통보를 해 옵니다. 자신들이 중국의 주인이 되었으니, 원의 땅이었던 철령 이북 지역을 내놓으라고 억지를 부린 거예요. 철령 이북은 이성계가 다스리는 동북면이 있는

← 명 태조 주원장

곳으로, 공민왕 때 가까스로 되찾은 땅이었어요. 그런데 그 땅을 내놓으라고 하니 어이가 없었지요.

이때 고려는 공민왕의 뒤를 이어 우왕이 다스리고 있었어요. 그리고 최고 권력자는 우왕의 절대적인 신임을 받는 최영 장군이었어요. 우왕과 최영은 이 기회에 명의 야심을 꺾자면서 '요동 정벌'에 나서자고 주장했어요.

당시 명은 몽골 초원으로 쫓겨난 원의 잔존 세력이 세운 나라인 북원과 격렬하게 싸우고 있었어요. 최영은 이 틈에 명을 치면 승산이 있다고 생각했지요. 그런데 이 계획을 정몽주가 반대했어요. 신진 사대부로 친명파였던 정몽주는 명의 세력이 커지고 있으니 외교적으로 문제를 해결해야 한다고 주장했어요. 하지만 우왕과 최영의 생각은 바뀌지 않았어요.

우왕과 최영은 명을 치는 중대한 일을 해 줄 인물로 고려 최고의 무장, 이성계를 선택했어요. 하지만 이성계는 네 가지 반대하는 이유인 사불가론을 주장했어요.

> **요동**
> 중국 요하(랴오허강)의 동쪽 지방. 오늘날 랴오닝성 동남부 일대를 말한다.

두 사람의 의견이 팽팽하게 맞섰을 때, 우왕은 누구의 손을 들어줬을까요? 우왕은 최영 장군의 손을 들어줬고, 이성계에게 요동 진격을 명령했어요.

드디어 출정 날! 1388년 4월 이성계는 서경에서 5만 대군을 이끌고 요동으로 출발합니다. 그리고 20여 일 만에 압록강을 건너 위화도에 도착했어요.

이성계의 예상대로 상황이 매우 안 좋았어요. 요동에 가려면 강을 건너야 하는데, 장마에 강물이 불어나 병사들은 물에 떠내려가거나 빠져 죽기 일쑤였어요. 그렇게 죽은 병사만 수백 명에 이르렀지요.

식량은 비에 젖어 상해 버렸고, 병사들은 비에 젖은 갑옷이 무거워 걷는 것조차 힘들었어요. 무기는 또 어떻고요. 활은 풀 역할을 하는 아교가 녹아서 제 기능을 할 수가 없었어요.

> 이성계의 사불가론이 맞았네. 역시 전쟁 천재다운 예상이었어.

그러니 군 분위기가 어땠을까요? 군의 사기는 바닥에 떨어지고 도망가는 병사들도 줄을 지었어요. 이성계는 화가 머리끝까지 치밀었어요. 이성계는 최영에게 군의 상황을 알리고 다시 사불가론을 내세운 편지를 두 차례나 보냈어요. 그래도 우왕과 최영 장군은 정벌 명령을 거둬들이지 않았어요.

오도 가도 못하는 상황에서 시간은 흐르고, 이성계의 고민은 깊어만 갔어요. 위화도에 계속 있자니 병력 손실이 심하고, 군대를 돌려 고려로 돌아가자니 왕명을 거역한 죄로 남아 있는 가족들이 죽임을 당할까 두려웠지요.
'강을 건너면 명과 전쟁, 돌아가면 반역……. 어찌할까?'
1388년 5월 22일, 드디어 이성계는 생사를 건 결단을 내립니다. 요동 정벌을 포기하고 개경으로 말머리를 돌리는 '위화도 회군'을 감행한 것입니다.

6월 1일, 이성계의 군대가 드디어 개경에 도착합니다. 왕명을 어기고, 개경으로 돌아온 고려의 반역자 이성계! 그의 앞에 어떤 상황이 펼쳐졌을까요? 고려의 군사들과 맞붙었을까요? 아니었어요. 이성계는 피 한 방울 흘리지 않고 아주 쉽게 개경으로 들어갈 수 있었어요. 도성의 백성들이 이성계에게 길을 열어 줬거든요. 술과 음식까지 내주면서 이성계를 환영했어요.

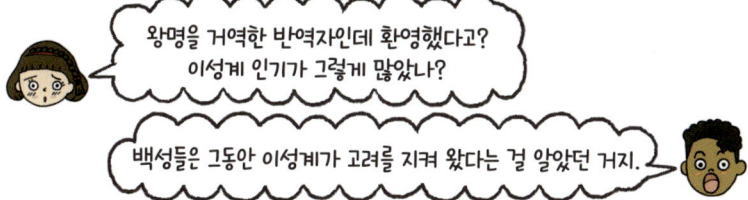

　이성계는 우왕을 폐위시키고, 창왕을 즉위시켰어요. 그리고 그동안 고려를 지키기 위해 홍건적과 왜구를 함께 물리쳤지만 이제는 서로 적이 되어 버린 백전노장 최영을 만났습니다. 두 사람은 마주 앉아 서로 눈물을 흘렸고, 이성계는 최영에게 마지막 작별 인사를 했어요.

　"내가 왕명을 거역한 것은 나의 본심이 아닙니다. 그러나 요동 정벌은 대의를 거스르는 것일 뿐만 아니라 나라를 위험에 빠뜨리는 일입니다. 힘든 백성들의 원망이 하늘까지 이르렀기 때문에 부득이 회군을 한 것입니다. 잘 가십시오, 잘 가십시오."

최영은 유배지로 보내졌다가 결국 사형당했어요. 그때 최영은 이런 말을 남겼다고 해요.

"나는 황금 보기를 돌같이 하라는 아버님의 말씀에 따라 평생 깨끗하게 살았다. 그렇지 않았다면 내 무덤에서 풀이 자랄 것이고, 깨끗이 살았다면 풀이 자라지 않을 것이다."

최영이 죽고 난 뒤 약 600년 동안 정말로 그의 무덤에서는 풀이 자라지 않아서 붉은 흙으로만 덮여 있었대요. 그래서 최영의 무덤은 '붉은 무덤'이란 뜻의 '적분'이라 불렸지요. 최영이 죽던 날, 개경의 백성들은 눈물을 흘렸어요. 최영은 최고 권력자였지만, 권문세족들과는 다르게 청렴하게 살았고, 외적으로부터 백성을 지킨 용맹한 장수였으니까요.

경기도 고양 대자산에 있는 최영 장군의 묘예요.

어, 지금은 풀이 있는데요?

최근에 묘를 정비했대.

최영까지 제거한 이성계는 이제 정권을 장악했어요. 이성계는 고려 개혁을 위해 신진 사대부와 손을 잡았어요. 신진 사대부는 오랫동안 간절히 고려 개혁을 바라 왔어요. 이성계와 함께 백성들을 위한 새로운 정치를 하는 데 힘을 모읍니다.

송곳 꽂을 땅조차 없을 만큼 헐벗었던 백성들이 가장 원했던 것은 무엇이었을까요? 바로 토지였어요. 권문세족이 불법적으로 빼앗았던 토지를 백성들에게 돌려주고 다시 농사를 지을 수 있게 했어요.

> 권문세족들의 땅을 빼앗았다니, 속이 다 시원해.

신진 사대부는 고려 사회의 가장 큰 문제였던 토지 제도의 개혁에 나서 '과전법'을 만들었어요. 과전법은 국가가 나랏일을 하는 관리에게 '과전'이라는 토지를 주고 그 토지에서 나오는 수확물의 일부를 세금으로 거둬 월급으로 받아 가게 하는 제도였어요. 수확물의 일부만 떼 가고 나머지는 농사를 지은 농민들에게 돌아가게 한 거죠. 이렇게 하니 농민들의 살림살이가 예전보다 훨씬 나아졌어요. 또 세금을 안정적으로 거둬들일 수 있게 되어서 나라의 살림살이도 좋아졌어요.

이뿐 아니라 억울하게 노비가 된 사람도 풀어 줬어요. 이성계와 신진 사대부는 부정부패를 극복하는 과정에서 자연스럽게 백성들의 마음을 얻었지요.

개혁 VS 개국, 갈라선 신진 사대부

위화도 회군 이후 이성계는 하루아침에 고려 최고의 권력을 쥐었고, 백성들의 마음까지 얻었어요. 왕이 있었지만 허수아비나 다름없었어요. 이제 남은 건 한 가지! 이성계가 임금의 옥새를 넘겨받기만 하면 되었어요. 하지만 이를 두고 이성계와 함께 고려의 개혁을 이끌어 왔던 신진 사대부 사이에 의견 차이가 생기고 맙니다.

신진 사대부 중 일부는 개혁을 넘어 혁명을 해야 한다고 주장했어요. 고려 왕조는 이미 백성들의 민심을 잃었고, 고려 왕조의 틀 안에서 하는 제도 개혁만으로는 백성들이 희망을 가질 수 없으니 고려를 무너뜨리고 새로운 왕조로 새 나라를 세우자는 것이었지요. 새로운 나라의 첫 번째 왕은 당연히 이성계였고요.

그런데 신진 사대부는 성리학을 공부한 학자들이라고 했지요? 성리학은 도덕과 명분을 중시하는데, 그중에는 왕에 대한

> 새 왕조를 세우는 것이 백성을 위한 길이오.

왕조
같은 성씨의 왕이 다스리는 나라. 고려는 왕씨가, 조선은 이씨가 왕을 했던 나라였다.

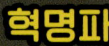
혁명파

충성심이 있어요. 그동안 충성을 바쳐온 고려 왕조를 무너뜨리고 새 왕조를 세우는 건 신하로서 절대로 해서는 안 될 일이었죠. 이렇게 생각한 신진 사대부들은 고려 왕조의 틀 안에서 잘못된 부분을 바로잡아야 한다고 주장했어요.

> 이성계는 이미 우왕을 폐위시켰잖아. 또 하면 안 돼?

> 왕을 바꾸는 것과 왕조를 바꾸는 건 완전 다른 일이거든!

> 왕조를 무너뜨리는 건 신하의 도리가 아닐세.

신진 사대부는 이제 두 파로 갈라섭니다. 새로운 왕조를 세우자고 주장하는 혁명파와 고려 왕조를 유지하며 개혁하자는 온건파로요. 혁명파를 대표하는 인물은 정도전이었고, 그에 맞서는 온건파를 대표하는 인물은 정몽주였지요. 정도전과 정몽주는 성리학을 함께 공부한 오랜 벗이었어요. 정도전에게 이성계를 소개해 준 사람도 정몽주였고, 두 사람은 죽을 때까지 뜻을 같이하자고 맹세했었지요. 하지만 새 나라를 세우는 길 앞에서 두 사람은 결국 돌이킬 수 없는 다른 길을 가게 됩니다.

온건파

먼저 움직인 건 정몽주였어요. 1392년 3월, 이성계는 사냥을 하다 말에서 떨어져 크게 다치고 말았어요. 이성계가 궁궐로 들어올 수 없는 상황이 된 거예요. 정몽주는 이 틈에 혁명파와 그들이 왕으로 추대하려는 이성계를 제거하기로 해요. 정몽주는 서둘러 온건파를 모아 공양왕˙에게 상소를 올렸어요. 정도전 등 혁명파를 탄핵하는 내용이었지요. 정몽주는 대의를 위해서라면 오랜 벗마저 버리겠다고 마음먹었고, 다음 차례는 이성계였어요.

> **공양왕**
> 고려 최후의 왕. 이성계가 창왕을 폐위한 뒤 즉위시켰으나 실권은 없었다.

이런 위급 상황에서 재빠르게 움직인 사람이 있었어요. 바로 이성계의 다섯째 아들 이방원이었어요. 이방원은 정몽주의 계략을 눈치채고 긴 고심 끝에 부하를 시켜 정몽주를 죽여 버리지요.

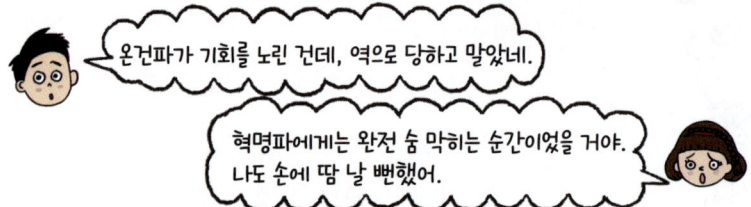

조선 건국의 마지막 걸림돌이었던 정몽주의 죽음은 조선 건국의 결정적인 계기가 됐어요. 정몽주가 죽은 지 석 달 후, 드디어 이성계는 고려 왕조를 무너뜨리고 새 나라, 조선을 세우게 됩니다.

HTX VIP 한국사 보태기

이성계의 왕이 될 꿈

1392년, 이성계는 쉰일곱 살의 나이로 왕위에 올랐어요. 그런데 이미 30년 전, 이성계는 무학 대사라는 승려로부터 나라를 세우는 왕이 될 거라는 예언을 들었다고 해요. 그 이야기를 해 줄게요.

역사 속으로 사라진 고려, 새롭게 등장한 조선

1392년 음력 7월 17일, 이성계는 왕위에 올랐어요. 위화도에서 군사를 돌린 지는 4년, 정도전을 처음 만나 서로의 마음을 확인한 뒤로부터 9년의 세월이 흐른 뒤였어요. 475년간 이어져 온 고려는 역사의 무대에서 사라지고, 이제 이성계가 세운 새 왕조가 등장한 거예요.

왕이 된 태조˚ 이성계는 첫 왕명을 내렸어요.

"나라 이름을 그대로 '고려'라 하고, 법과 제도는 고려의 것을 따르도록 하라."

태조
한 왕조를 세운 왕을 칭하는 이름. 고려를 세운 왕건, 조선을 세운 이성계 등을 태조라 한다.

이성계는 처음에는 나라 이름을 바꾸지 않고, 고려의 왕으로 등극했어요. 이성계가 '조선'으로 국호를 바꾼 건, 즉위 다음 해였어요. 조선은 아침 조(朝)에 새로울 선(鮮)이니 '새로운 아침을 연다'는 뜻을 담은 나라 이름이었지요. 옛 단군 조선의 역사를 계승한다는 의미도 나라 이름에 담아서 정통성을 얻고자 했던 거예요. 여기서 퀴즈!

> **Q.** 이성계는 왜 처음부터 국호를 '조선'으로 하지 않고 '고려'로 유지하라고 했을까요?

그러게, 왜 그랬지?
마땅한 이름이 떠오르지 않아서?

설마 그랬을려고.
고려는 고구려 이름을 따른 거잖아.
그 이름이 더 마음에 들어서?
나도 고구려 좋아.

이성계와 신진 사대부는 고려를 무너뜨리는 혁명을 한 건데
고려란 이름이 마음에 들 리 없을 것 같은데?

바꾸고 싶은데 뭔가 걸리는 게 있었던 걸 거야.

혹시 사람들이 싫어했을까?
고려도 역사가 오래 됐는데
갑자기 나라 이름을 바꾼다고 하면
이상하게 볼 수 있잖아.

정답! 고려는 500년 가까운 역사를 이어 온 나라예요.
그런 나라를 무너뜨리고 새 나라를 세웠으니
민심의 반발을 막으려고 했던 거예요.

이성계는 정도전과 신진 사대부들의 도움을 받아 새 나라 조선을 이끌어 갈 체계를 만들어 갑니다. 먼저, 성리학을 국가 통치의 근본 원리로 삼아 세 가지 건국 이념을 세웠지요. 건국 이념이란 나라를 세울 때 가장 중요하게 생각하는 가치를 의미해요. 세 가지 건국 이념은 숭유억불, 농본민생, 사대교린이에요. 하나씩 살펴볼게요.

HTX VIP 보태기

조선의 건국 이념

조선의 건국 이념은 한자를 알면 쉽게 이해할 수 있어요. 어떤 한자를 쓰는지 한번 익혀 볼까요?

- **숭유억불**: 높을 숭 崇, 유교 유 儒, 누를 억 抑, 불교 불 佛
- **농본민생**: 농사 농 農, 근본 본 本, 백성 민 民, 살 생 生
- **사대교린**: 섬길 사 事, 큰 대 大, 사귈 교 交, 이웃 린 隣

'숭유억불'은 유교를 숭상하고, 불교를 억압한다는 문화 정책이에요. '숭유'는 유교의 가르침에 따라 백성을 근본으로 삼고 덕으로 나라를 다스리는 거예요. '억불'은 불교를 억제하는 정책으로 조선 시대 내내 이어졌어요.

왜 불교를 억제했냐고요? 불교가 도덕을 중시하고 현실 개혁을 추구하는

← 조선의 건국 이념을 세우는 데 역할한 정도전

성리학의 이념과 맞지 않았기 때문이에요. 성리학자들은 부모 자식의 인연을 끊고 승려가 되는 것은 인간의 도리에 어긋나며, 내세와 윤회를 주장하는 것은 비현실적이라고 보았어요. 게다가 고려 시대에 절들은 많은 토지와 노비를 소유하면서 부패했거든요. 나라에 세금도 내지 않았고요. 새 나라 조선에서는 불교를 억눌러 이런 일이 없게 하려고 했어요.

'농본민생'은 농사를 장려하여 백성들이 먹고 사는 데 부족함이 없게 만든다는 경제 정책이에요. 따라서 조선의 모든 정책은 농경지를 늘리고 농사 기술을 발전시키는 데 집중됐어요.

마지막으로 '사대교린'은 외교 정책이에요. '사대'는 큰 나라를 받들어 섬긴다는 뜻이고, '교린'은 이웃 나라와 대등한 입장에서 친하게 지낸다는 뜻이에요. 조선은 명과는 사대, 여진과 왜와 같은 주변국과는 교린을 하는 외교를 했어요.

당시 명은 유학의 본고장이었고, 과학 기술과 문화가 발달한 나라였어요. 조선은 명에 사신과 조공을 보내 선진 문물을 받아들이고, 명은 조공을 받아 경제적 이익을 취했지요.

이성계는 새 나라의 체계를 잡은 뒤, 새로운 수도를 찾아 나섰어요. 개경은 오랫동안 고려 왕조의 수도였어요. 새 왕조가 하는 일을 탐탁하게 보지 않는 세력이 살고 있었죠. 이성계는 이들의 눈치를 볼 필요 없는 곳에 수도를 세우고 싶었어요.

수도를 옮기기 위해 이성계는 평소 가깝게 지내던 무학 대사에게 도움을 청했어요. 무학 대사가 땅에서 나오는 기운이 좋은지, 나쁜지를 알고, 좋은 땅을 볼 줄 알았거든요.

"새 수도로 어디가 좋을 것 같소?"

"땅의 기운이 좋은 곳은 계룡산, 무악, 그리고 한양입니다. 이곳들 가운데 정하시지요."

이성계는 세 후보지 중에서 한양을 도읍지로 정했어요. 한양은 나라의 중앙에 위치해 있어 통치에 유리했고, 크고 작은 산들로 둘러싸여 있어서 외적의 침입을 막기에도 좋았어요. 또 한강의 물길을 활용할 수 있다는 점도 수도로서 적합했어요.

이성계는 한양 설계를 조선 건국의 일등 공신, 정도전에게 맡겼어요. 정도전은 성리학의 원리에 따라 한양을 설계합니다. 먼저 외적의 침입에 대비해 한양을 빙 둘러싸는 성벽을 쌓았어요. 이 성을 '한양 도성'이라고 해요.

한양 도성을 드나드는 문은 동서남북 네 곳에 세웠어요. 이 사대문의 이름은 유교의 덕목을 적용하여 흥인지문, 돈의문, 숭례문, 숙정문이라 했어요. 문을 드나들 때마다 유교에서 말하는 인간이 지켜야 할 도리를 새기자는 뜻이었지요.

유교 이념을 품은 도시, 한양 ↓

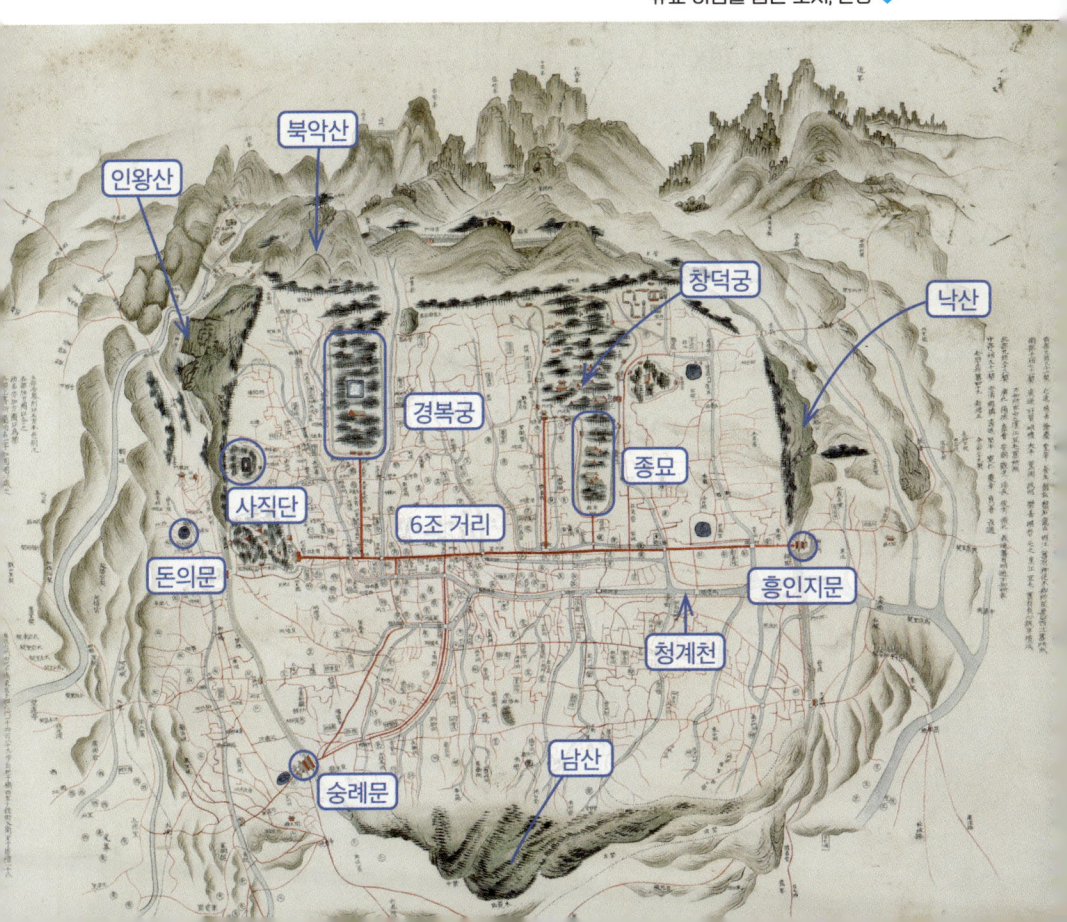

↑ 종묘 정전

사직단 ↑

한양 도성 안에는 종묘와 사직단을 먼저 짓고, 궁궐을 지었어요. 종묘는 왕실의 조상신에게 제사 지내는 곳이고, 사직단은 토지와 오곡의 신에게 제사 지내는 곳이에요.

궁궐이 완성되자, 이성계는 정도전에게 궁궐 이름을 짓도록 명했어요. 정도전은 유교 경전 〈시경〉에 나오는 '왕과 그 자손이 만년토록 큰 복을 누리리라.'는 문장에서 힌트를 얻었어요. '큰 복을 누리는 궁'이라는 뜻으로 클 경(景), 복 복(福) 자를 써 '경복궁'이라고 궁궐 이름을 지었지요.

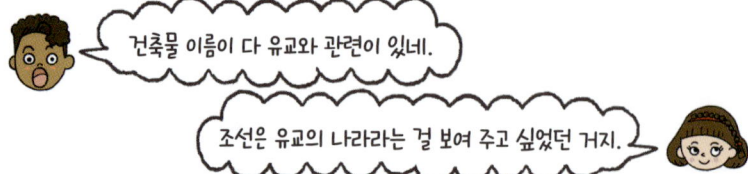

경복궁 ↑

  고려의 영웅 이성계는 신진 사대부 세력과 힘을 합쳐 성리학의 나라, 조선을 건국했어요. 이는 전쟁을 치르지 않고 왕씨에서 이씨로 왕조를 바꾼 역성혁명으로서, 세계사에서 유래를 찾아보기 힘든 역사랍니다. 하지만 새 왕조가 안정된 체제를 갖추기까지 순조롭기만 한 것은 아니었어요. 신생국 조선은 피의 폭풍 속을 지나가야 했지요. 과연 새 나라 조선은 어떤 운명을 맞이하게 될까요? 과거로 떠나는 한국사 여행, 다음 시대를 향해 출발!

3장 강력한 왕권으로 조선을 안정시킨 태종 이방원
인정받지 못한 아들, 이방원

돌다리다! 어디서 본 것 같은데요?

네, 서울 청계천의 광통교예요.

한 가족이 국가를 이끄는 왕가로 바뀌면서 겪은 비극이 깃든 곳이지.

HTX는 지금 1409년에 도착했어요. 매직 윈도우에 보이는 것은 서울 청계천 광통교예요.

광통교를 좀 더 가까이 들여다볼까요? 섬세한 무늬를 새겨 넣은 돌들이 보이죠? 이 다릿돌은 조선의 1대 왕비, 신덕 왕후 강 씨의 묘지를 장식했던 병풍석이에요. 왕비의 묘지 병풍석이 어쩌다 사람들이 밟고 다니는 다리에 쓰이게 됐을까요? 충과 효를 중시하는 나라, 조선에서 감히 누가 이런 짓을 저질렀을까요? 바로 조선의 3대 왕 태종 이방원이에요.

이방원은 조선 왕조를 세우는 데 공이 가장 큰 이성계의 아들이었어요. 하지만 이방원은 왕이 되기까지 많은 날들 동안 피와 눈물을 흘려야 했지요. 대체 어떤 일이 있었던 걸까요? 이제부터 그 전말을 벌거벗겨 볼게요.

광통교 다릿돌 ↓

와, 근데 다릿돌이 예쁘다.

왕비의 묘에서 가져온 돌이잖아.

문무를 겸비한 인재, 이방원

조선 3대 왕, 태종 이방원은 아버지 이성계와 첫째 부인 한씨 사이에서 다섯째 아들로 태어났어요. 이방원은 어릴 때부터 영특하고 지혜로웠다고 해요. 그는 다른 형제들과는 사뭇 다른 면이 있었어요. 형제들은 무장인 아버지를 닮아 전쟁놀이나 격구를 좋아했지만, 이방원만은 무예가 아니라 글공부를 더 좋아했지요.

> **격구**
> 말을 타거나 걸어 다니면서 공채로 공을 치던 무예.

아버지 이성계는 책 읽기를 즐기는 이방원이 아주 마음에 들었어요. 이성계의 집안은 대대로 무인으로서 큰 명성을 쌓았지만 학자를 배출하지는 못했지요. 그러다 보니 자식들 중 누군가는 과거에 급제해서 중앙 정계로 진출하길 바랐어요. 그래야 가문의 든든한 버팀목이 생길 테니까요. 그런 기대를 한 몸에 받았던 아들이 바로 이방원이었지요.

이방원은 여덟 살 어린 나이에

아버지, 개경에 공부하러 갈게요!

꼭 과거에 급제하거라.

수도였던 개경으로 유학을 가게 됩니다. 당시 개경은 고려에서 가장 교육열이 높은 곳이었어요. 사립 학교가 열두 개나 있었고, 과거에 응시하려는 수험생은 모두 개경에서 시험을 준비했어요.

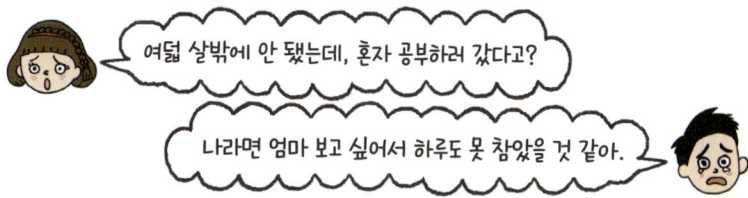

개경에 온 여덟 살 이방원을 보살핀 사람은 이성계의 둘째 부인, 강씨였어요. 이방원에게는 둘째어머니였지요. 강씨는 개경에서 권세를 떨치던 권문세족 집안의 딸이었어요. 무려 4대에 걸쳐 재상을 배출한 가문으로, 이방원이 공부에 몰두할 수 있는 든든한 배경이 되어 주었지요.

이방원은 강씨의 보살핌 아래 글공부에 열중했어요. 강씨는 책 읽는 이방원이 어찌나 영특해 보였는지 자기가 낳은 아들이었으면 하고 바라기도 했어요. 강씨는 이방원을 친아들처럼 챙겼고,

이방원도 자신에게 사랑을 듬뿍 준 강씨를 깍듯이 모셨어요.

> **진사시**
> 고려 시대 과거 제도로, 과거를 보기 전에 치르는 예비 시험을 말한다.

강씨의 보살핌을 받았던 이방원은 열여섯 살에 진사시에 합격했고, 다음 해인 열일곱 살에 과거에 급제했어요. 당시 진사시 합격 후 과거에 합격하기까지 평균 5년에서 7년이 걸렸다고 해요. 그런데 이방원은 단 1년 만에 그야말로 초고속으로 합격을 한 거예요. 그뿐 아니라 급제자 중 최연소 합격자였어요. 이방원은 훗날 태종이 되니까 이방원은 조선 역사상 과거에 급제한 유일한 왕이기도 했지요.

대대로 무신을 배출했던 집안에서 처음으로 과거 급제자가 나왔다는 소식을 들은 아버지 이성계는 너무 기뻤어요.

"우리 다섯째 아들, 방원이가 드디어 해냈구나! 방원이가 가문을 빛냈어."

이성계는 이방원의 합격 통지서를 몇 번이나 읽으며 기뻐했어요. 이성계는 "내 뜻을 이룰 사람은 반드시 너일 것이다." 라고 말하며 이방원에게 큰 기대를 했고 애정을 보였어요.

HTX VIP 한국사 보태기

이방원의 활약이 빛났던 순간 셋

조선 개국 과정에서 이방원의 활약은 대단했어요! 이방원의 빠른 상황 판단력과 남다른 실행력은 아버지 이성계에게 찾아온 고비마다 빛을 발했지요. 대표적인 세 가지 순간을 살펴볼게요.

1. 이성계가 위화도 회군을 망설일 때

이방원은 이성계가 가족이 인질로 잡힐까 봐 걱정하는 걸 알았어요. 곧 가족을 피신시켰어요.

"우리 때문에 회군을 포기할 수 있어요. 어서 피해요."

가족의 안전을 확인한 이성계는 마음을 놓고 위화도 회군을 했어요.

"이제 됐다. 회군하라!"
"장군, 가족이 대피했답니다."

2. 정몽주의 혁명파 제거 시도

이방원은 정몽주가 이성계도 죽일 거라고 판단했어요. 아픈 아버지에게 당장 개경으로 가야 한다고 했지요.

"아버지, 어서 가요. 안 그럼 우리 다 죽어요."
"끙……"

이방원의 설득에 이성계는 개경으로 돌아왔고, 혁명파가 제거되는 걸 막을 수 있었어요.

"쩝, 멀쩡하네. 계획 실패."
"아버지, 조금만 견디세요."

3. 온건파가 새 왕조를 반대할 때

이방원은 정몽주가 새 왕조를 세우는 데 가장 큰 걸림돌이라고 보았어요. 부하를 시켜 정몽주를 죽였어요.

"이제 걸림돌이 사라졌군."

정몽주를 제거하자 온건파의 목소리가 작아졌고, 이성계는 왕위에 올랐어요.

"드디어 옥새를 손에 넣었구나."

아버지의 미움을 사게 된 정몽주 제거 사건

아버지 이성계는 1392년 드디어 조선을 세웁니다. 이방원은 이성계가 위화도 회군을 할 때 가족을 안전하게 지키고, 새 왕조를 여는 데 큰 공을 세웠어요. 그래서 앞으로 꽃길만 걸을 줄 알았지요. 하지만 막상 새 왕조를 열고 난 후 이방원은 푸대접을 받았어요. 겨우 고향에 있는 조상들의 묘를 지키는 말단 관리직만 얻었을 뿐이었지요.

이방원은 이성계의 자랑거리였는데 왜 이런 대우를 받게 되었을까요? 그 사이 이방원이 아버지의 미움을 받게 된 사건이 있었기 때문이에요. 바로 정몽주를 제거한 일이었지요.

1392년 음력 4월 4일 저녁, 정몽주가 이성계의 집에 찾아왔어요. 당시 정몽주는 이성계가 말에서 떨어져 다쳤다는 소식을 듣고 이성계를 없애려고 계획했었어요. 그런데 이성계가 멀쩡히 개경으로 돌아와 모든 계획이 물거품이 된 상황이었어요. 정몽주는 병문안을 핑계 삼아 이성계가 어찌하고 있나 살피러 온 거였지요.

이성계는 자신을 없애려고 했던 정몽주를 전과 다름없이 대했어요. 학문이 높고 개혁의 뜻이 같은 정몽주의 손을 놓고 싶지 않았거든요. 하지만 이방원의 생각은 달랐어요. 새 왕조를 세우는 데 반대하고, 아버지 이성계와 가족을 제거하려 했던 정몽주와 끝까지 갈 수 없다고 생각했지요.

이방원은 병문안을 마치고 돌아가는 정몽주를 만나 그의 마음을 떠봅니다. 이방원은 먼저 〈하여가〉라는 시를 읊었어요. 고려든 새 나라든 왕이 누구든 그저 좋은 세상 만나서 잘 살면 된다는 뜻을 담은 시였지요. 이에 정몽주는 〈단심가〉로 자신의 마음을 전합니다. 백 번 죽어도 고려에 대한 자신의 충심은 변하지 않는, 오직 한 마음뿐이라는 거였어요.

드디어 나왔다. 이방원의 〈하여가〉, 정몽주의 〈단심가〉!

이런들 어떠하며 저런들 어떠하리. 만수산 드렁칡이 얽혀진들 어떠하리. 우리도 이같이 얽혀 백년까지 누리리라.

이 몸이 죽고 죽어 일백 번 고쳐 죽어 백골이 진토 되어 넋이라도 있고 없고 임 향한 일편단심이야 가실 줄이 있으랴.

이방원은 정몽주의 마음을 확인하고 부하를 시켜 선죽교에서 정몽주를 제거하지요. 이 소식은 곧 이성계의 귀에 들어갔어요. 그런데 이게 어찌된 일일까요? 이성계는 이방원에게 불같이 화를 냈어요.

"내가 사약을 마시고 죽고 싶은 심정이다. 정몽주와 함께 새 나라를 이끌려고 했건만, 네가 어찌 이리 참혹한 일을 벌여 내게 불효를 한단 말이냐."

이방원은 물러서지 않고 항변했어요.

"아버지, 정몽주 선생은 혁명파를 몰아내고, 아버지를 제거하려 했습니다! 정몽주 선생을 죽인 것이 곧 효도인 줄 모르신단 말입니까!"

이성계의 분노가 하늘을 찌를 듯했을 때, 이방원을 편들어 준 사람이 있었어요. 이성계의 둘째 부인, 강씨였어요. 이방원을 친자식처럼 아껴 왔던 강씨는 이방원의 판단을 지지했어요. 강씨 덕분에 이성계의 노여움은 누그러졌지만, 이성계는 이 일을 잊지 않았어요. 정몽주를 죽인 이방원을 계속 경계했던 것이었지요.

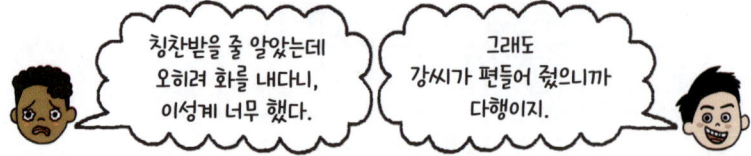

비극의 시작, 세자 책봉

이성계는 쉰일곱의 나이로 조선의 왕이 되었어요. 왕이 나이가 많으니 하루속히 후계자가 되는 세자를 정해야 했어요. 세자 후보는 첫째 부인 한씨에게서 낳은 아들 여섯 명, 둘째 부인 강씨에게서 낳은 아들 두 명까지, 모두 여덟 명이었어요.

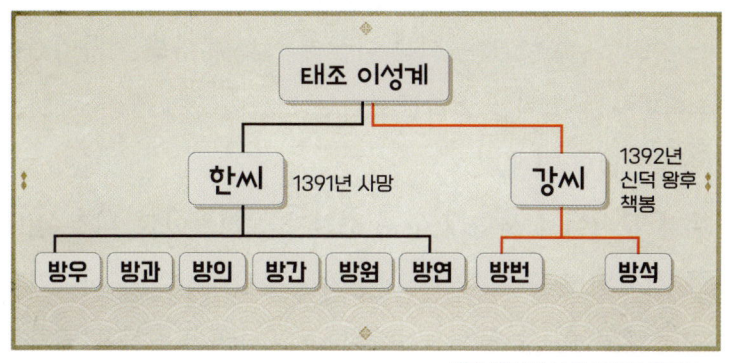

세자 책봉 당시 이성계의 아들들 ↑

세자는 누구보다 공이 크고 왕의 자질을 갖춘 이방원이 유력했어요. 하지만 이방원은 이성계의 눈 밖에 난 상황이었어요. 이성계의 마음은 강씨의 첫째 아들 이방번에게 가 있었어요. 이성계는 조선 건국에 강씨의 공이 크다고 생각했어요. 변방의 무신 집안이 권문세족과 어깨를 나란히 할 수 있게 물심양면으로 도움을 준 사람이 강씨였기 때문이에요.

1392년 음력 8월, 이성계는 신하들에게 이방번을 후계자로 삼겠다는 뜻을 밝혔어요. 하지만 신하들의 생각은 달랐어요.

"전하, 세상이 태평하면 적장자를 먼저 하고, 세상이 어지러우면 공이 있는 이를 먼저 하오니, 다시 생각하소서."

> **적장자**
> 첫째 부인에게서 낳은 첫째 아들. 유교에서는 적장자가 우선적으로 가문의 대를 잇고 조상의 제사를 이어받을 권리를 가졌다.

적장자는 첫째 부인 한씨의 첫째 아들 이방우, 공이 있는 이는 다섯째 아들 이방원을 가리켰어요. 이방우는 정치를 멀리했으니 신하들이 염두에 둔 세자는 이방원이었던 거예요.

이때 문밖에서 서럽게 우는 소리가 들려왔어요. 바로 신덕왕후 강씨의 울음소리였어요. 강씨는 문밖에서 모든 이야기를 듣고 있었어요. 그러다 신하들이 죽은 한씨의 아들을 세자로 삼으려 하자 울기 시작했어요. 사랑하는 아내의 울음소리를 들은 이성계는 자신의 뜻을 굽히지 않았어요. 그러자 한 신하가 다른 의견을 내놓았어요.

"강씨의 아들로 세자를 삼으신다면, 첫째 이방번은 성미가 경솔하니, 막내아들이 조금 낫겠습니다."

결국 세자는 막내아들 이방석으로 정해졌어요. 이 소식을 들은 이방원은 큰 충격을 받았어요.

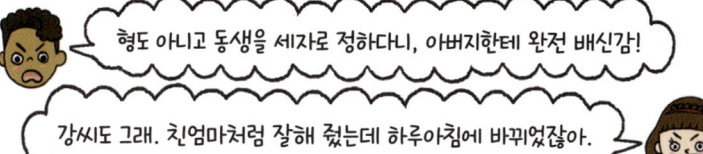

　가족을 위해 피까지 흘렸지만, 아버지는 이방원에게 등을 돌렸어요. 그리고 그동안 아버지의 불호령에도 자신을 감싸 주었던 둘째어머니 강씨는 새로운 나라를 세우자마자 자신을 헌신짝처럼 버리고 자기 아들만 챙겼어요. 그런데 여기서 이방원을 충격에 빠뜨린 인물이 또 있었어요.

　바로 정도전이었지요. 정도전은 이방원이 스승으로 모셨던 인물이었어요. 심지어 이방원은 정몽주가 정도전을 제거하려 했을 때, 선죽교에서 정몽주를 죽여 정도전의 목숨을 구해 주기도 했어요. 그런 정도전이 강씨의 막내아들 이방석이 세자가 되는 데 적극 찬성하고, 세자의 제왕 교육까지 맡은 거예요.

정도전은 왜 강씨의 편에 섰을까요? 정도전은 어릴 때부터 철저히 제왕 교육을 받은 인물이 왕이 되어야 한다고 생각했어요. 그런데 이때 이방원의 나이는 스물여섯으로 이미 장성해 있었어요. 정도전 입장에서는 이방원보다 어린 열한 살의 이방석이 차근차근 제왕 교육을 받고 왕위에 올라야 자신이 꿈꿔 온 재상 중심 정치가 실현될 수 있다고 생각했던 거예요.

 HTX VIP 보태기

재상 중심 정치
정도전이 꿈꾼 재상 중심 정치는 재상들이 국가의 중요한 일을 상의해서 정하고 왕은 재상이 정한 결정을 허가하는 방식을 말해요. 정도전은 왕이 어질고 똑똑한 성군이면 나라가 평안하지만, 왕이 못나면 백성이 고통스럽고 나라가 망한다고 보았어요. 왕에 따라 나라의 운명이 좌지우지되어서는 안 되니, 학문과 능력이 뛰어나 왕을 잘 보필할 수 있는 재상 중심으로 나라를 다스려야 한다고 생각한 거예요.

이방원은 아버지, 둘째어머니, 그리고 스승이던 정도전마저 자신에게 등을 돌린 상황에 분노가 솟구쳤어요. 하지만 이게 끝이 아니었어요. 강씨 측근들은 존재감이 큰 이방원이 이방석의 앞길에 걸림돌이 될까 봐 이방원을 중앙 정치에서 소외시켰어요. 1394년 외교 사신으로 명에 갔다 오기도 했지만, 이방원은 중앙 정치에 참여할 수 있는 길이 막힌 채 긴 시간을 보

내야 했지요.

  1396년, 신덕 왕후가 세상을 떠났어요. 세자 이방석을 지키기 위해 이방원을 내몰았던 신덕 왕후가 죽자 이방원에게 기회가 오는 듯했어요. 그러나 세자 이방석을 중심으로 세력을 키운 정도전 일파는 이방원에게 기회를 줄 생각이 없었어요. 오히려 이방원의 숨통을 완전히 끊어 놓으려 했지요.

  당시 조선은 명과 관계가 좋지 못했어요. 조선을 세우기 전, 고려가 요동 정벌을 계획했던 것 기억하지요? 이성계의 위화도 회군으로 실행되지는 않았지만, 명은 이 일을 기억하고 있었어요. 그래서 조선이 국경 근처에서 군사 훈련을 하면 혹시나 명을 치려는 게 아닌가 하고 의심하며 경계했지요.

  이방원이 사신으로 명에 갔다 오며 관계가 풀린 듯했지만, 그건 잠시뿐이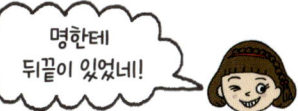었어요. 명은 여전히 조선을 의심하면서 더 많은 공물을 가져오라고 요구했어요. 그러자 정도전이 최후의 카드를 꺼내 듭니다. 바로 진짜로 요동 정벌을 하자는 거였어요. 그러면서 이방원을 포함한 왕족과 공신들의 힘을 뺄 정치적 속셈으로 충격적인 주장을 합니다. 여기서 퀴즈!

Q 정도전은 명을 상대로 요동 정벌을 하자면서 왕자들이 개인적으로 갖고 있던 '이것'을 뺏자고 했어요. **이것은 무엇일까요?**

요동 정벌을 나갈 때 필요한 것일 테니까 식량? 군사들이 먹을 식량이 필요하잖아.

식량 뺏는 걸로는 왕자들의 힘을 못 뺏을 거 같은데, 경제력, 땅을 뺏어야 하는 거 아닐까?

식량, 땅보다 전쟁에는 더 중요한 게 있어. 무기지. 무기가 있어야 전쟁을 하지.

네, 정답 가까이에 왔어요. 이것을 뺏으면, 무기가 있어도 소용이 없게 돼요.

아하! 무기를 들고 싸울 사람, 병사요! 병사요!

정답! 왕족이나 공신이 거느렸던 사병이에요. 정도전은 명과 전쟁을 하려면 이방원 등이 보유한 사병을 중앙군으로 통합하고 무기까지 모두 거둬들여야 한다고 했어요.
사실 사병은 나라가 위험할 때는 나라를 지키는 수단이 됐지만, 역모를 일으키는 기반이 되기도 했어요. 그래서 정도전이 사병을 공식적으로 무장해제시키려 했던 것이랍니다.

정도전이 주장한 사병 혁파가 실시되면서 가장 위기에 몰린 사람은 이방원이었어요. 이성계는 조선 건국 이후 집안 대대로 내려온 사병 부대 가별초를 왕자들에게 나눠 줬었어요. 정도전 세력에게 일거수일투족 감시를 받고 있던 이방원에게 사병은 자신과 가족의 목숨을 지킬 최후의 보루였지요. 사병을 빼앗긴 이방원은 이빨 빠진 호랑이나 다름없게 될 터였어요.

> **사병 혁파**
> 혁파(가죽 혁 革, 가를 파 罷)는 낡은 제도를 없앤다는 뜻으로, 개인이 사사로이 거느린 병사를 없앤다는 말이다.

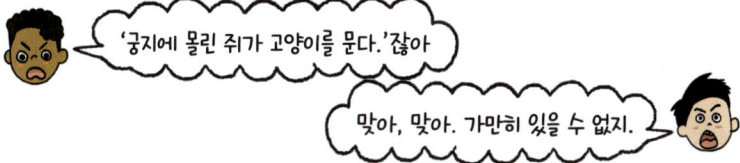

더 이상 물러설 수 없던 이방원의 운명은 어떻게 될까요?

왕실에 부는 피바람, 왕자의 난

이방원의 주변에는 조선 건국의 공을 세운 그가 왕이 되기를 바라는 세력이 있었어요. 또 정도전의 사병 혁파에 반대하는 인물들도 있었지요. 이방원은 이들과 함께 거사를 준비합니다.

바로 왕자의 난이었어요. 말 그대로 왕자 이방원이 세자를 바꾸기 위해 병사를 일으킨 난이에요. 피바람이 휘몰아치는 난은 1398년 음력 8월 26일 밤, 경복궁에서 일어나요.

이날 늦은 오후, 이방원을 포함한 왕자들은 다급한 전갈을 받아요. 아버지 태조 이성계의 건강이 크게 나빠졌으니 왕자들 모두 대궐로 들어오라는 전갈이었어요. 이방원이 대궐에 가 있는데, 이방원의 집안 시종이 급히 찾아 왔어요.

"지금 민씨 부인께서 가슴과 배가 몹시 아프십니다. 어서 집으로 오셔야겠습니다."

이방원은 화들짝 놀라 집으로 갔어요. 그런데 집에 도착해 보니, 아프다던 민씨 부인이 멀쩡한 거예요. 이방원이 대궐로 돌아가려 하자 민씨가 말했어요.

"정도전이 전하가 아프다는 핑계로 왕자들을 모아 죽이려 하니, 가셔서는 안 됩니다."

"어찌 죽음을 두려워하여 대궐에 나아가지 않겠소! 더구나 여러 형들이 모두 대궐 안에 있으니 사실을 알리지 않을 수가 없소. 만약 무슨 일 생기면 내가 마땅히 떨쳐 일어날 것이오."

이방원은 민씨의 조심하라는 당부를 뒤로하고 대궐로 돌아왔어요. 이방원과 형들이 한참을 있다 보니 어두컴컴한 밤이 됐고, 내시가 왔어요.

"모두 내전에 들어오되 시종은 데려오지 말라 하셨습니다."

이때 이방원은 뭔가 수상한 기운을 느낍니다. 가만히 주변을 둘러보니 늘 대낮처럼 환하게 밝혀 두던 대궐 문들의 등불이 모두 꺼져 있었죠. 이방원은 퍼뜩 민씨가 조심하라고 했던 말이 떠올랐어요. 이방원은 얼른 이곳을 벗어나야겠다고 생각했어요. 이방원은 배가 아프다는 핑계를 대고 화장실을 가야 한다며 자리를 벗어납니다. 잠시 뒤 형들이 이방원을 찾자 이방원은 이렇게 말합니다.

"형님들, 일이 어쩔 수 없이 되었습니다."

이방원은 형들과 함께 대궐을 빠져나와 곧바로 집으로 달려갑니다. 이방원이 도착하자 민씨는 기다렸다는 듯 숨겨 놓았던 갑옷과 무기들을 내주었어요.

민씨는 영민하고 대담한 사람이었어요. 민씨는 정도전이 사병 혁파를 한 후 이방원의 숨통을 끊으려 할 거라고 예상했어요. 그래서 몰래 무기를 빼돌려 집 안에 숨겨 놓았어요. 걸리면 큰일을 당할 수도 있는데 말이지요. 민씨 덕분에 이방원은 '왕자의 난'을 일으킬 수 있었던 셈이에요.

이방원과 뜻을 같이하는 사람들은 무기를 나눠 들고 나섰어요. 이방원의 칼이 제일 먼저 향한 곳은 어디였을까요?

바로 조선의 2인자이자 이방원을 궁지로 몰았던 정도전이었지요! 이방원은 정도전이 있는 곳을 급습했어요.

"예전에 공이 나를 살렸으니 이번에도 나를 살려 주시오."

정도전은 이방원이 정몽주를 죽이고 자신을 살려 주었던 일을 떠올리며 목숨을 구걸했어요. 하지만 이방원은 그 자리에서 부하를 시켜 정도전의 목을 베어 버립니다. 이방원에게 정도전은 더 이상 스승도, 동지도 아니었어요. 지난 7년 간 끊임없이 자신의 목숨을 노렸던 정적이었죠. 이성계를 도와 조선 건국을 주도했던 정도전은 그렇게 역사에서 사라집니다.

정도전과 손잡은 신덕 왕후의 두 아들은 어떻게 됐을까요? 세자 이방석과 장남 이방번은 왕자의 난 직후, 이방원 세력에 의해 경복궁 밖에서 죽고 맙니다. 신덕 왕후의 비극은 여기서 그치지 않았어요. 이방원이 왕자의 난을 일으킨 지 10여 년이 지난

1409년 4월 13일 더 큰 비극이 일어납니다.

이방원은 신덕 왕후의 무덤을 파내서 도성 밖으로 옮겨 버렸어요. 신덕 왕후의 친족이 반란을 일으켰다는 것이 명분이었어요. 또 신덕 왕후의 지위를 후궁으로 떨어뜨리고, 왕실에서 제사도 지내지 못하게 했어요.

그뿐이 아니었습니다. 우리가 HTX를 타고 도착해서 봤던

청계천 광통교의 다릿돌이 바로 신덕 왕후의 묘를 지키던 병풍석이었지요. 친어머니처럼 따랐던 신덕 왕후의 묘지 돌을 사람들에게 짓밟히는 다릿돌로 만들어 버렸어요. 그만큼 신덕 왕후에 대한 배신감이 컸던 거예요.

태조 이성계는 1398년 이방원이 왕자의 난을 일으킨 데 엄청난 충격을 받았어요. 왕자의 난이 일어난 지 열흘도 안 된 음력 9월 5일 왕위를 물려주겠다고 합니다. 이대로 이방원이 왕위를 물려받았을까요? 아니에요. 둘째 형 이방과가 조선의 2대 왕, 정종으로 즉위했어요.

 **HTX VIP 보태기**

이방원이 바로 왕위에 오르지 않은 이유

❶ 이방원은 왕자의 난 이후 곧바로 즉위한다면 권력욕에 눈이 멀어 형제들을 죽였다고 의심받을 거라고 생각했어요. 당시 첫째 형은 이미 죽고 없었기 때문에 둘째 형 이방과를 왕으로 추대해서 명분을 세우려 했지요.

❷ 이방과는 아버지 이성계로부터 가장 신뢰를 받았던 무인이었어요. 그런데 마흔이 다 된 나이인데도 대를 이을 후사가 없었어요. 이대로라면 왕의 동생인 자신이 다음 왕이 될 가능성이 높았어요.
즉, 명분도 세우고, 차기 왕 자리도 확보한 선택을 한 것이지요.

정종은 성품이 온화하고 권력욕도 없었기 때문에 처음부터 왕 자리를 바라지 않았어요. 그래서 정종은 정치를 멀리하고 격구나 사냥을 즐길 뿐, 정치는 동생 이방원이 하도록 내버려 두었어요. 그런데 정종 즉위 2년째 되던 해인 1400년 2월에 2차 왕자의 난이 일어납니다. 이방원이 차기 왕이 되는 데 불만을 품은 넷째 형 이방간이 일으킨 난이었지요.

이방간도 왕이 되고 싶은 야심이 컸어요. 둘째 형 다음은 넷째인 자신이 되어야 한다고 생각하고 사병을 동원해 난을

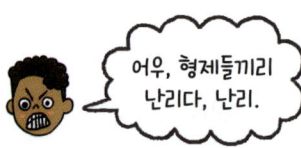
어우, 형제들끼리 난리다, 난리.

일으켰지요. 결과는 실패! 이방원은 난을 일으킨 넷째 형 이방간을 죽이지는 않고 유배를 보내요. 이렇게 2차 왕자의 난까지 제압한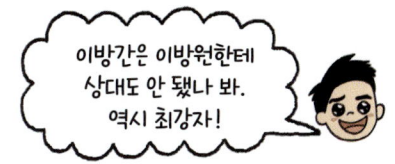
이방원은 명실상부한 조선의 권력자로 우뚝 섰지요.

이때 이방원은 깜짝 놀랄만한 일을 벌입니다. 왕의 동생인 세제가 아닌 정종의 아들로 자신의 이름을 올린 거예요. 왕의 동생보다는 왕의 아들이 왕이 되는 데 더 유리했으니까요. 그러고나서 이방원은 세자 자리에 올랐지요. 이방원은 법도와 명분을 교묘히 이용해서 누구에게도 흠 잡히지 않고 안정적으로 권력을 쥐는 길을 스스로 만들어 냈어요.

이방원은 세자가 된 그해, 드디어 조선의 3대 왕 태종으로 등극합니다. 정종이 왕위를 넘겨주는 형식이었지요. 왕자의 난을 일으킨 지 2년 4개월 만에 태종 이방원의 시대가 열린 것입니다.

많은 피를 흘리고 왕위를 차지한 이방원! 그는 군주로서 어떤 모습을 보여 줄까요? 태종 이방원이 다스리는 조선을 하나하나 벗겨 보러 떠나 보아요.

강력한 왕권으로 조선을 안정시킨 태종 이방원

강력한 왕권, 중앙 집권 체제

4장

이것은 조선 시대의 옥새랍니다.

여주가 예리한 걸?

몸은 거북인데, 머리는 용?

우리는 지금, 태종이 즉위식을 마친 1400년 겨울 무렵에 도착해 있어요. 매직 윈도우에 보이는 이것은 조선 시대에 사용했던 옥새예요.

조선 시대에 후계 왕은 즉위할 때, 선왕의 옥새를 받음으로써 조선의 국왕으로 공인받았지요. 그런데 태종은 아버지 태조에게 옥새를 받지 못한 채 즉위식을 해야 했어요. 이방원을 후계자로 인정할 수 없다는 이성계의 단호한 의지였지요.

옥새도 받지 못하고 왕위에 오른 태종 이방원. 수많은 피를 흘린 피의 군주로서 과연 백성들에게는 인자하고 덕 있는 정치를 펼칠 수 있을까요? 이번 여행에서는 태종 이방원이 신생 국가, 조선을 어떻게 이끌어 나가는지 낱낱이 파헤칠 거예요.

반쪽짜리 왕, 태종 이방원

드디어 1400년 11월, 이방원은 조선 3대 왕 태종으로 왕좌에 오릅니다. 하지만 형제들을 죽이고 등극했다는 이유로, 아버지의 인정을 받지 못했지요. 아버지 태조 이성계는 즉위식에 오지도 않고, 옥새도 주지 않았어요. 태종은 옥새도 받지 못한 반쪽짜리 왕이었지요. 충효를 중요한 가치로 삼는 국가의 왕으로서 태종은 아버지의 인정을 꼭 받아야 했어요. 그래야 백성들의 마음을 얻을 수 있을 테니까요.

태조는 두 차례 왕자의 난을 보면서 이방원에게서 완전히 마음을 거두었어요. 사랑하던 아들 방석과 방번, 자신이 믿고 아꼈던 정도전까지 모두 태종의 손에 죽고 말았으니까요. 태조는 슬픔을 잊기 위해 한양을 떠납니다. 그 후 금강산, 오대산에 머물다가 고향 함흥으로 가 지냅니다.

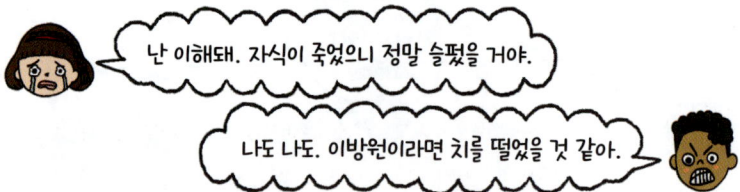

태종은 아들의 도리를 다하고 왕위도 인정받기 위해 평소 태조가 믿고 아끼던 신하들을 함흥에 차사로 보냈어요. 차사

　는 왕이 중요한 임무를 위해 임시로 임명한 관리를 말해요. 그런데 아버지를 모시러 함흥으로 떠난 차사들이 돌아오지 않는 거예요. 그때부터 심부름 간 사람이 돌아오지 않을 때 '함흥차사'라는 말을 쓰게 되었답니다.

　태조의 무시가 계속됐지만 태종은 포기하지 않았어요. 태조의 스승이자 친구인 무학 대사에게 아버지의 마음을 돌려서 한양으로 모셔 와 달라고 간곡히 부탁을 합니다.

　무학 대사는 곧장 함흥으로 가서 태조를 만났지요. 무학 대사는 태조에게 나라의 안정을 위해 한양으로 돌아가자고 설득했어요. 결국 태조는 마음을 돌려 한양으로 돌아가기로 합니다. 그런데 태조의 화가 풀린 것은 아니었는지 이런 이야기가 전해져 와요.

　태조가 돌아오는 날, 태종은 천막을 치고 기다렸어요. 저 멀리서 말을 타고 오는 아버지를 본 태종은 반가운 마음에 달려 나갔어요. 그런데 태조가 갑자기 활을 쏘았어요. 태종을 본 순간 화가 치민 것이었지요. 다행히 태종은 천막을 받친 큰 기둥 뒤에 몸을 피했고, 화살은 그 기둥에 꽂혔어요. 화살을 피한 태종을 보며 태조는 이렇게 탄식했어요.

　"모두 하늘의 뜻이로다!"

　태조는 태종에게 옥새를 건네주었어요. 태종이 그제야 왕으로 인정받은 거예요. 이후 태조는 조선을 세운 지 16년 만인 1408년, 74년간의 파란만장했던 삶을 마감했어요.

↓ 경기도 구리에 있는 태조의 능인 건원릉

강력한 왕권으로 안정을 찾아가는 조선

조선을 건국할 때, 정도전은 재상 중심 정치를 펼치려고 했어요. 그래서 이를 뒷받침하는 여러 제도를 만들었지요. 하지만 태종의 생각은 달랐어요.

"나라의 발전과 안정은 왕권이 강할 때 이루어지는 법! 나라를 세운 지 얼마 안 된 지금은 강한 왕권이 필요한 때야!"

태종은 왕이 모든 권력을 틀어쥐어야 나라를 안정적으로 다스릴 수 있다고 생각했어요. 태종은 고려가 혼란했던 까닭이 여러 세력들의 권력 다툼에 있다고 보았어요. 태종은 고려처럼 되지 않기 위해 왕권을 강하게 만들기로 합니다.

태종의 대표적인 왕권 강화 정책, 먼저 통치 기구부터 살펴볼까요?

조선은 통치 기구로 의정부와 육조를 두었어요. 의정부는 모든 나랏일에 대해 왕과 정승˚인 재상들이 논의하는 기구였어요. 그리고 육조는 나랏일의 실무를 하는 여섯 개의 관서로 이조, 호조, 예조, 병조, 형조, 공조가 있었어요. 이조는 관리의 임명과 승진 등의 인사, 호조는 나라의 재정, 예조는 외교, 왕실 제사, 과거 시험 등을 관리했고, 병조는 국방, 형조는

> **정승**
> 조선 시대 최고 벼슬로, 영의정, 좌의정, 우의정을 말한다.

법의 집행과 형벌, 공조는 토목과 수공업 기술을 관리했어요.

　조선 초기에는 나라에 어떤 문제가 있으면 해당하는 관서인 육조에서 의정부에 먼저 보고했어요. 그러면 의정부에서 1차로 논의한 뒤, 왕에게 보고하여 논의한 뒤 최종 결정을 내리는 방식이었지요. 이를 '의정부 서사제'라고 해요.

　의정부 서사제에서는 재상들이 모든 문제를 다루다 보니, 재상의 힘은 컸고 상대적으로 왕의 힘은 약했어요. 재상 중심의 정치를 하겠다는 정도전의 뜻이 반영된 제도였던 것이지요.

태종은 왕의 힘을 강하게 만들기 위해서 이 제도를 바꿉니다. 바로 육조 직계제로 바꾼 거예요. 육조 직계제에서는 왕이 의정부를 거치지 않고 직접 육조의 보고를 받아요. 왕이 모든 나랏일을 직접 보고받고 직접 결정하니 의정부 재상들의 힘은 약해지고 왕의 힘은 강해졌지요.

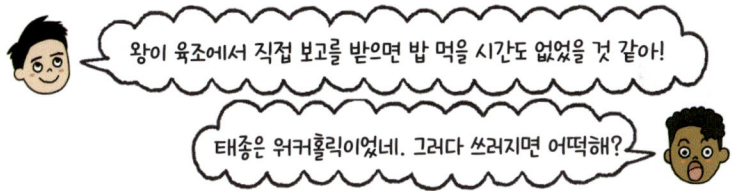

태종은 군사력도 왕에게 집중시켰어요. 태종은 사병을 동원해 왕자의 난을 일으켜 왕이 되었잖아요. 사병을 거느린 사람이 있으면 언제든지 자신처럼 군사력으로 왕권을 위협할 수 있다고 생각했어요. 바로 사병 혁파를 해서 사병을 나라의 군사로 만들었지요. 이렇게 모은 군사로 새로 군대를 정비하고, 바다를 지키는 수군의 수를 늘렸어요. 그 결과 국경을 튼튼히 할 수 있었어요.

태종은 왕권 강화를 위해 통치 제도와 군사 제도를 손보아서 관리와 병사

들을 손 안에 넣었지만, 이것만으로는 부족했어요. 나라의 바탕은 백성이에요. 백성이 세금을 내야 나라 살림을 할 수 있고, 군대를 가야 나라를 지킬 수 있지요. 태종은 백성을 파악할 방법을 고민했어요. 그리고 호패법을 만들어 실시합니다. 호패법은 16세에서 60세까지의 남자는 항상 '호패'를 차고 다녀야 하는 법이에요. 여기서 퀴즈!

글쎄, 호패는 나도 잘 모르겠는데…….
내가 아는 '호' 자에는 좋아할 호(好), 호랑이 호(虎),
집 호(戶) 등이 있고, '패' 자에는 패할 패(敗),
조개 패(貝) 등인데, 쌤 이중에 있어요?

아쉽게도 그중에 없네요.
여러분 너무 어렵게 생각 말아요.
여러분도 만 17세가 되면 받게 되는 것!
엄마 아빠가 꼭 지갑에 넣고 다니는 거예요.

쌤, 주민등록증이요!

정답! 호패는 오늘날의 주민등록증처럼 신분을 증명하는
역할을 했어요. 호패는 신분에 따라 재료와 적힌 내용이
달랐는데, 양반들은 상아나 사슴뿔 같은 고급 재료에 이름과
나이, 관직 등을 썼어요. 일반 양인들은 나무에 이름과 나이,
거주지, 얼굴 빛깔과 수염이 있는지 없는지까지 써야 했지요.

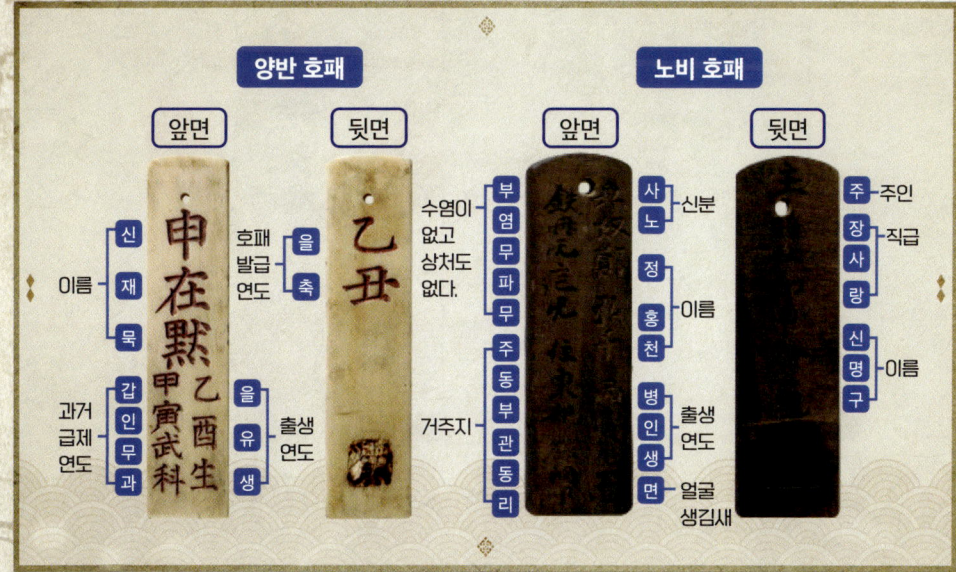

호패법을 시행하니 백성이 어느 마을에 얼마나 사는지 알 수 있어 세금을 걷는 데 편리했고, 군대에 부를 나이가 된 남자가 누구인지도 금방 알 수 있었어요. 세금과 군사력을 관리하기가 쉬워지니 그만큼 왕권이 강력해졌어요. 만일 호패를 위조하거나 나이가 됐는데도 관청에 신청하지 않으면 엄한 벌로 다스렸지요.

더 나아가 태종은 왕의 명령이 나라 구석구석까지 미치도록 지방 행정 구역을 개편했어요. 전국을 여덟 개의 도로 나누고,

관찰사를 보내 다스리도록 했어요. 팔도의 이름은 중심이 되는 고을의 첫 글자를 따서 지었답니다. 예를 들면 경상도는 경주와 상주, 전라도는 전주와 나주, 강원도는 강릉과 원주, 충청도는 충주와 청주에서 따왔지요.

태종은 백성들의 삶에 직접적으로 도움이 되는 일들도 놓치지 않았어요. 대표적으로 청계천을 정비한 일이에요.

한양은 장마철에 비가 많이 내리면 청계천에 물난리가 날 때가 많았어요. 경복궁 앞까지 물이 차오르고, 집들이 물에 잠기고 심지어 물에 빠져 죽는 사람도 있었어요. 물난리를 줄이려면 청계천을 넓히고 깊게 파는 공사를 해야 했지요. 오늘날에도 이런 공사는 큰돈과 많은 사람이 동원되어야 하는 규모가 큰 공사예요. 태종은 고민했어요.

"공사를 하면 백성들에게 부담이 될 것이고, 이대로 두면 계속 물난리가 날 거야. 공사를 지금 할까, 나중으로 미룰까?"

백성들은 물난리가 나면 왕이 나랏일을 잘못한 탓으로 돌렸어요. 왕에게 불만을 품는 백성이 늘고 민심을 잃는 것이지요. 그러면 기껏 강화한 왕권이 흔들리게 돼요. 태종은 고민 끝에 공사를 결정하고, 공사에 동원될 백성을

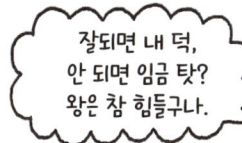

위해 반드시 지켜야 할 네 가지 지침을 내렸어요.

> 첫째, 공사 작업 시간을 정확히 지킬 것.
> 둘째, 다치거나 병이 난 사람들이 제때 치료를 받을 수 있도록 미리 약을 준비해 놓을 것.
> 셋째, 공사를 마칠 때까지 백성들에게 식량을 나눠 줄 것.
> 넷째, 부모상을 당한 이가 있으면 고향으로 돌려보내 줄 것.

태종은 이 네 가지가 지켜지지 않으면 벌을 내린다고 했어요. 백성에게 부담을 주지 않고 공사를 하겠다는 태종의 의지였지요. 이렇게 해서 청계천 공사는 장정 5만 명을 모아 시작해 한 달 만에 마칩니다. 이때 돌다리인 광통교, 혜정교 등도 만들어 백성들이 청계천을 건널 수 있게 했지요.

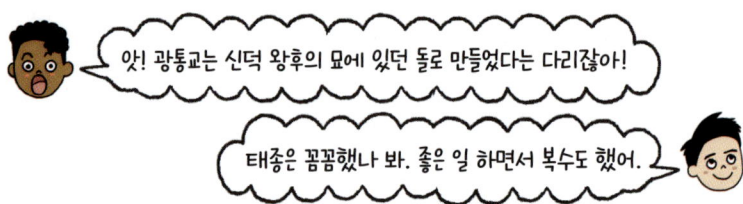

앗! 광통교는 신덕 왕후의 묘에 있던 돌로 만들었다는 다리잖아!

태종은 꼼꼼했나 봐. 좋은 일 하면서 복수도 했어.

태종은 청계천 공사가 끝난 뒤 이렇게 말했다고 해요.

"하천을 파는 것이 끝났으니, 내 마음이 곧 편안하다."

태종의 편안한 마음처럼 청계천 공사 뒤, 한양은 물난리로 피해 입는 백성들은 줄어들게 되었지요.

또 억울한 일을 당한 백성들의 문제를 해결해 주기 위해 '신문고'를 설치했어요. 신문고는 대궐 문 위에 달아놓은 북인데, 백성들이 직접 북을 울려 왕에게 자신의 억울함을 호소하도록 했어요. 하지만 신문고가 한양에 있고, 북을 치려면 절차가 복잡해서 실제로는 잘 사용되지 않았대요. 신문고는 태종이 백성의 이야기에 귀 기울이고 있다는 것을 보여 주려고 걸어 두었던 거예요.

피도 눈물도 없는 태종의 왕권 강화

태종의 왕권 강화 노력은 제도를 만드는 것 말고도 더 있었어요. 태종은 왕권을 위협하는 어떠한 세력도 용납하지 않았어요. 당장은 큰 문제가 되지 않더라도 앞으로 왕권을 위협할 수 있다고 생각되는 세력이 눈에 띄면 싹을 잘라 버렸지요.

태종은 자신이 왕위에 오르기까지 도와준 신하를 제거하기 시작했어요.

이거이 부자는 날 도와줬지만, 힘이 커지면 안 돼. 뭘로 제거하지? 그래, 3년 전에 이런 일이 있었지.

왕자의 난을 도와줬더니, 사병 혁파?

말도 안 돼요.

1404년, 태종은 자신에게 불만을 품었다며 공신이자 외척인 이거이와 이저 부자를 유배 보내 버렸어요.

조선 건국 공신

이성계의 딸 경신 공주의 남편

태종은 원경 왕후의 동생들인 민무구, 민무질 형제도 눈엣가시였어요. 민씨 형제들이 조카인 세자 양녕 대군을 등에 업고 권세를 부린다고 보았거든요.

왕비의 동생들이 너무 나대고 있소.

우리 민씨 가문이 당신을 왕이 되게 하려고 목숨을 바친 걸 잊었습니까?

태종은 1407년 이들을 유배 보내고 끝내 사약을 내려 죽게 했어요. 몇 년 후에는 원경 왕후의 나머지 동생들도 죽여 버렸어요.

태종은 왕으로 재위한 18년 동안 많은 일을 했어요. 조선은 태종이 강력한 리더십으로 시행한 제도와 정책으로 나라의 기틀이 닦였지요. 덕분에 조선은 건국된 지 얼마 되지 않아 빠르게 안정되었어요.

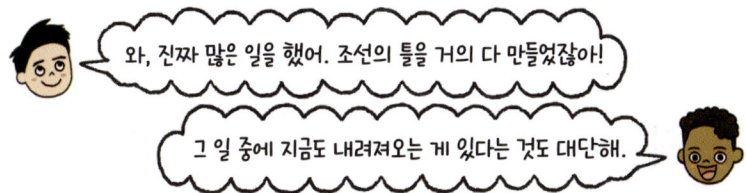

　태종은 왕권을 강화하는 과정에서 많은 피를 흘리기도 했어요. 하지만 나라를 빠르게 안정시킨 업적은 칭송받을 만하지요. 무엇보다도 태종이 한 일 중 가장 큰 업적을 꼽는다면 후계자로 셋째 아들인 충녕 대군을 선택한 일이라고 할 수 있어요. 충녕 대군이 바로 세종 대왕이거든요.

조선의 미래를 위한 선택, 세자 교체

　조선은 성리학의 나라, 왕의 적장자가 왕위를 물려받는 것이 원칙이었어요. 이렇게 해야 왕위의 정통성이 있다고 했지요. 하지만 태종은 적장자가 아니었고, 두 차례 왕자의 난 뒤 왕위에 올랐어요. 태종은 다음 왕만큼은 정통성이 있길 바랐지요. 그래서 즉위 초인 1404년 세자 책봉에 나섰어요.

태종에게는 원경 왕후 민씨와의 사이에서 낳은 아들이 네 명 있었어요. 적장자는 첫째 아들 양녕 대군이었지요. 태종은 양녕 대군을 세자로 삼고, 왕이 될 공부를 하게 했어요.

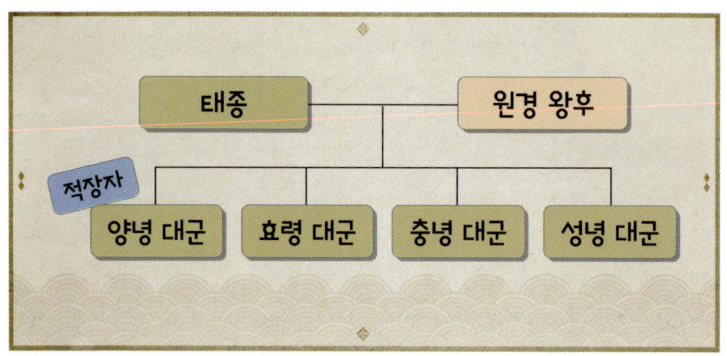

왕위를 물려받은 세자를 정한 태종은 강력한 왕권 강화 정책을 실시하고, 왕권을 위협하는 세력을 제거했어요. 1418년, 더 이상 태종의 왕권을 위협할 것은 없었어요. 하지만 태종에게는 걱정이 있었어요. 바로 다음 왕이 될 세자, 양녕 대군의 행실이 바르지 못하다는 거였지요.

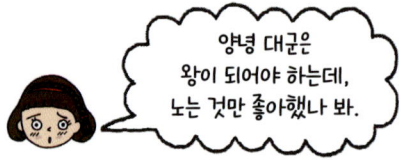

양녕 대군은 학문을 쌓기보다는 사냥을 좋아했어요. 커 가면서는 술집에 드나들더니 기생들과 어울리느라 공부를 더욱 멀리했지요. 태종과 원경 왕후가 야단도 치고 달래도 보았지만 소용이 없었어요. 태종의 걱정은 커져만 갔지요.

"세자가 놀기만 좋아하니 장차 나라가 어찌되겠는가?"

결국 태종은 결단을 내립니다. 태종은 원경 왕후, 신하들과 논의한 후, 양녕 대군을 세자 자리에서 폐위시키기로 했어요. 양녕 대군을 세자로 책봉한 지 14년 만이었지요.

〈태종실록〉에는 양녕 대군의 폐위를 결정할 때 태종이 목메어 울었다고 기록되어 있어요. 태종은 적장자에게 왕위를 물려주는 전통을 만들고 싶었기에 그 순간이 너무나 뼈아팠던 것이지요. 하지만 조선의 미래를 위해서 적장자를 폐위시키고 왕위에 합당한 왕자를 세자로 세우기로 합니다.

1418년 태종이 세자를 다시 정해야 할 때, 태종에게 남은 아들은 두 명이었어요. 넷째 성녕 대군이 그해 병으로 죽었기 때문이에요. 태종은 둘 중 누구를 세자로 삼을지 신하들과 논의하는 자리에서 이렇게 말했어요.

"효령 대군은 자질이 부족하고, 내 말을 들으면 그저 빙긋이 웃기만 할 뿐 말이 없다. 나와 중전은 항상 효령 대군이 웃는 것만 보았다. 그러나 충녕 대군은 총명하고 학문을 좋아한다. 책을 읽는 것을 좋아하여 날마다 밤새 책을 읽으니, 내가 밤에는 책을 읽지 말라고 하기도 했다. 그뿐인가. 충녕 대군은 어려운 문제가 생겼을 때 합리적으로 해결할 줄 안다. 그러니 충녕 대군이 왕위에 오를 만하다."

조선의 태평성대를 열겠습니다!

효령 대군과 비교하여 충녕 대군을 세자로 삼아야 하는 이유를 설명한 거예요. 사실 태종은 충녕 대군을 세자로 정하면서 걱정스러운 게 하나 있었어요. 나중에 형제간에 다툼이 생기는 것이었는데, 태종은 그 문제마저도 충녕 대군이라면 잘 해결해 나갈 거라고 믿었다고 해요. 결국 세자는 셋째 아들 충녕 대군으로 결정되었지요.

HTX VIP 보태기

세자가 되지 못한 효령 대군
사실 효령 대군도 어렸을 때부터 책 읽기를 좋아해 학문이 뛰어났어요. 마음이 착하고, 효심이 깊어 태종과 원경 왕후로부터 사랑을 받았지요. 효령 대군은 세자가 되지 못했지만, 권력에 욕심을 부리지 않았어요. 불교에 관심을 두어 불경을 공부하고 번역하며 지냈지요. 그리고 아흔한 살까지 장수하며 태조부터 성종까지 무려 아홉 명의 왕을 보고 1486년 숨을 거두었답니다.

두 달 후, 태종은 왕위를 물려주겠다고 선언하고 상왕으로 물러납니다. 그렇게 태종의 셋째 아들 충녕 대군은 세자가 된 지 두 달 만에 조선의 4대 왕으로 즉위합니다. 조선 500년 역사에서 최고의 성군으로 꼽히는 세종 대왕의 시대가 열린 것이지요.

우아, 드디어 내가 존경하는 세종 대왕의 즉위!

세종은 즉위했지만, 왕으로서 나랏일을 보지는 못했어요. 태종이 군사 문제는 자신이 직접 결정할 것이며, 어려운 일이 생기면 자신과 의논해야 한다는 조건을 달았기 때문이에요.

당시 세종은 스물두 살로 적지 않은 나이였지만, 아버지 태종의 명에 따릅니다. 왕위에서 물러났지만 태종의 지도력은 여전히 막강했거든요. 또 세종은 갑자기 세자가 되고 왕이 돼 국정 경험이 없었어요. 세종은 아버지 태종이 나라를 다스리는 모습을 묵묵히 보고 배우기로 합니다.

세종의 즉위 초기, 조선은 왜구들 때문에 골치가 아팠어요. 황산 대첩 후 잠잠하던 왜구가 또 나타난 거예요.

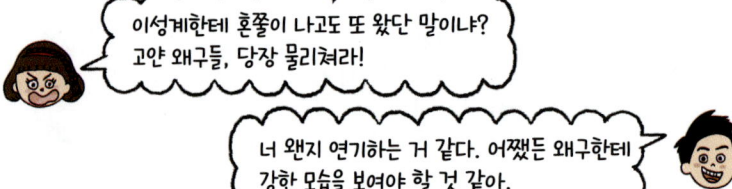

이성계한테 혼쭐이 나고도 또 왔단 말이냐? 고얀 왜구들, 당장 물리쳐라!

너 왠지 연기하는 거 같다. 어쨌든 왜구한테 강한 모습을 보여야 할 것 같아.

태종은 왜구들의 침략을 두고 볼 수 없었어요. 태종은 강한 군대로 나라를 지키는 것이 왕권을 강하게 만드는 일이라 믿었으니까요. 또 장차 나라를 이끌어 갈 세종의 걱정거리를 덜어 주려는 목적도 있었어요. 태종은 1419년 5월, 세종과 신하들이 왜구들의 침략 문제를 논의하는 자리에서 이렇게 말했어요.

"왜구가 침략하는 걸 보고만 있다면 어찌 강한 나라라 할 수 있겠느냐. 당장 대마도를 정벌하라!"

대마도는 오늘날 쓰시마섬을 말해요. 조선의 연안을 침투하는 왜구들의 소굴이었지요. 태종은 왜구를 물리친 경험이 많은 이종무에게 대마도 정벌을 맡겼어요.

이종무는 대마도를 기습해 왜구들을 소탕했고, 왜구들은 조선 정부에 항복한다는 뜻을 전해 왔지요.

> **이종무**
> 고려 말부터 조선 건국 후까지 왜구를 크게 물리친 장수. 2차 왕자의 난을 진압해 태종의 신임을 얻었고, 대마도 정벌을 승리로 이끄는 공을 세웠다.

이후 왜구들이 조선에 침략하는 일은 크게 줄어들었어요. 태종이 주도한 대마도 정벌 덕분에 세종이 재위하는 동안 조선은

이종무의 대마도 정벌을 묘사한 역사 기록화 ↑

왜구 때문에 골치를 썩는 일 없이 평화로웠어요. 이렇게 아버지 태종이 닦아 놓은 기반 위에서 세종은 태평성대를 만들고 위대한 업적을 쌓았어요.

　태종은 남은 생을 자신 때문에 죽은 넋들에게 속죄하는 마음으로 보냈어요. 죽음을 앞두고 태종은 세종에게 이렇게 말했어요.

"어질고 바른 왕을 세웠으니 내 할 일은 다 하였소. 지난날 이 손으로 악업을 많이 쌓았다오. 모든 잘못은 내가 짊어지고 가겠소."

세종이 즉위한지 4년째였던 1422년, 태종은 쉰여섯 살의 나이로 세상을 떠났어요. 태종은 왕권이 강해야만 정치가 안정되고 나라가 평화롭다는 신념이 누구보다 강했던 왕이었어요. 그래서 왕권을 흔들려는 시도가 있을 때면, 자신의 손에 피를 묻히는 일을 피하지 않았지요. 태종은 냉혹한 왕이라는 평가가 있지만, 그가 조선의 기틀을 완성했다는 것은 누구도 부정할 수 없을 거예요. 조선 역사에서 가장 뛰어난 능력과 업적을 보여 준 왕 중 한 명이 바로 태종이었답니다.

"모두 재밌게 여행을 했다니, HTX를 발명한 보람이 있네요. 이조선 교수님은 어떠셨어요?"

한 쌤이 매직 윈도우 작동 버튼을 끄며 이조선 교수님에게 물었어요.

"저도 즐거웠어요. 특히 권력을 놓고 아버지와 아들이 한 치의 양보도 없이 대립할 때는 정말 살이 떨렸죠. 사실 조선의 건국에 대해서는 논쟁거리가 여럿 있어요. 과연 혁명파의 주장처럼 고려 왕조는 유지가 불가능한 상태였는지, 왕이 되고 싶은 권력욕 때문에 새 왕조를 세운 것이 아니었는지에 대해서요. 우리 친구들 생각이 궁금한데요?"

여주가 먼저 손을 들며 말했어요.

"고려는 부정부패가 너무 심했어요. 오죽하면 송곳 꽂을 땅조차 없다는 말이 나왔겠어요."

이번에는 마이클이 나섰어요.

"맞아요. 교수님. '제구포신'이란 말도 있잖아요. 덜 제(除), 옛 구(舊), 펼 포(布), 새 신(新), 옛것은 버리고 새것을 펼친다! 조선 건국은 꼭 필요했던 것 같아요."

"오, 마이클! 찐 한자 박사. 물론 고려의 지배층은 잘못을 했어요. 하지만 조선을 건국하는 과정에서 정몽주나 정도전 같은 인재를 잃었다는 점은 큰 손해였어요."

만세의 말에 이조선 교수님이 고개를 끄덕이며 말했어요.

"이방원은 정몽주가 고려 왕조에 대한 충성심을 버리지 않자 죽여 버렸어요. 그런데 정작 자기가 왕이 된 뒤에는 정몽주의 충성심을 강조했지요. 정몽주가 조선 시대 내내 최고의 충신으로 존경을 받게 되었다는 건 역사의 아이러니죠."

한 쌤이 이어서 말했어요.

"또 다른 시각도 있어요. 이방원이 자신의 정적이었던 정도전의 명성을 깎아 내리기 위해 의도적으로 정몽주를 충성심의 아이콘으로 만들어 이용했다는 거예요. 역사는 승자의 기록이라는 말이 괜히 나온 게 아니지요."

고개를 끄덕이며 여주가 말했어요.

"저는 태조 이성계에 대해서 좀 아쉬운 게 있어요. 이성계가 세자를 결정하는 과정이 공정하지 않았어요. 사실 이방원의 공이 컸는데 너무 무시했어요."

그러자 마이클이 다른 의견을 내놓았어요.

"그렇다고 해서 형제들을 죽인 것은 도를 넘어선 행동이라고 생각해요. 권력에 눈이 먼 거잖아요."

마이클의 이야기까지 다 듣고 이조선 교수님이 말했어요.

"여주와 마이클의 얘기, 모두 맞아요. 역사를 배우면 어떤 인물이든, 사건이든 다양한 모습이 있다는 사실을 알게 된답니다.

그러니 역사를 꼭 공부해야겠죠?"

"예!"

이조선 교수님의 설명을 듣자마자 세 아이들은 HTX가 흔들릴 정도로 함성을 힘차게 질렀어요. 한 쌤이 빙긋 웃으며 말했어요.

"자, HTX가 다음 여행에서는 우리를 어느 시대로 데려갈지, 다음 번 벌거벗은 한국사 여행을 기약하며 모두 안녕!"

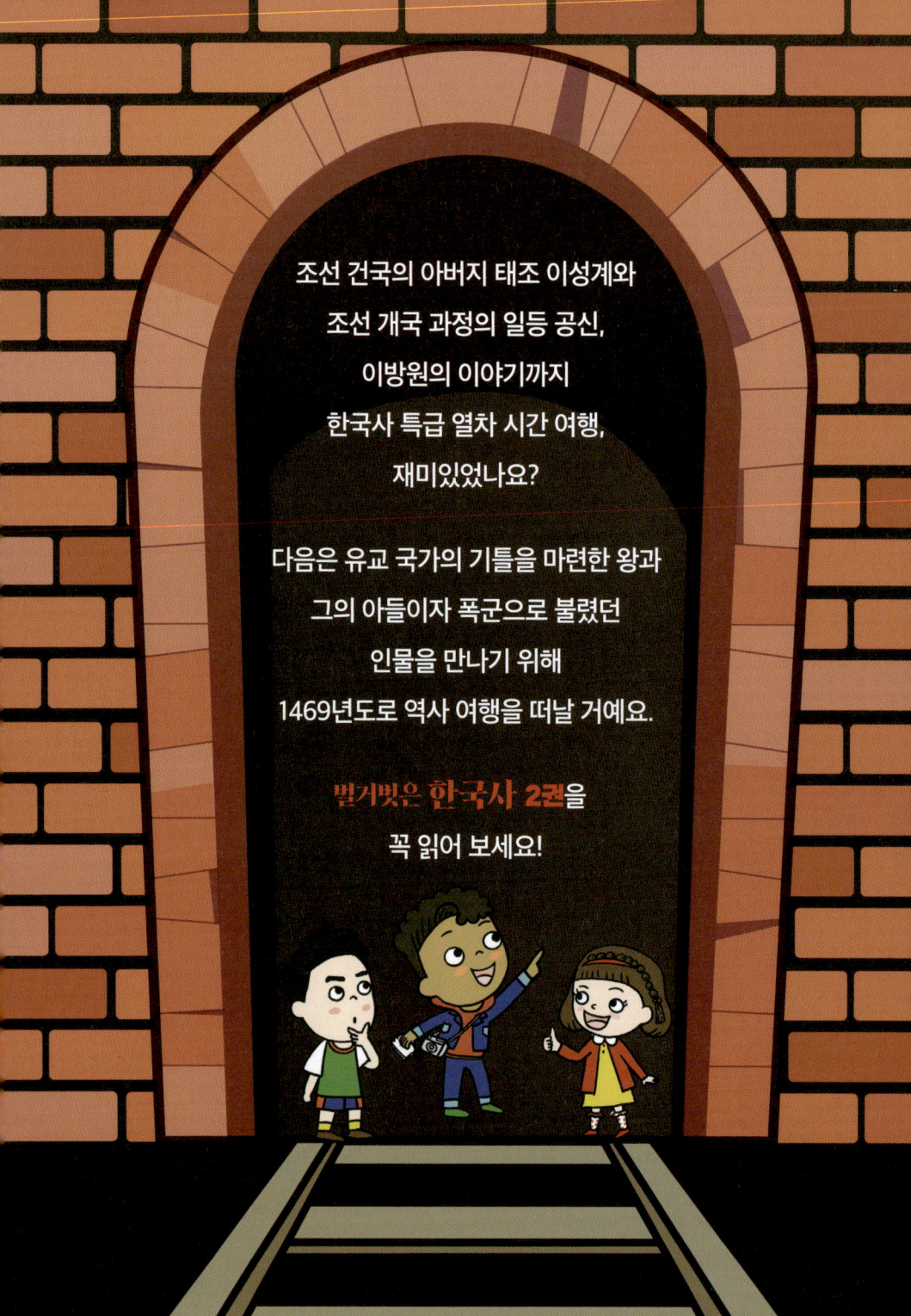

역사 정보

❶ 시대 배경 살펴보기
❷ 인물 다르게 보기
❸ 또 다른 역사 인물들

◈ 주제 마인드맵 ◈

벌거벗은 한국사 퀴즈

◈ 태조 편   ◈ 태종 편
◈ 정답

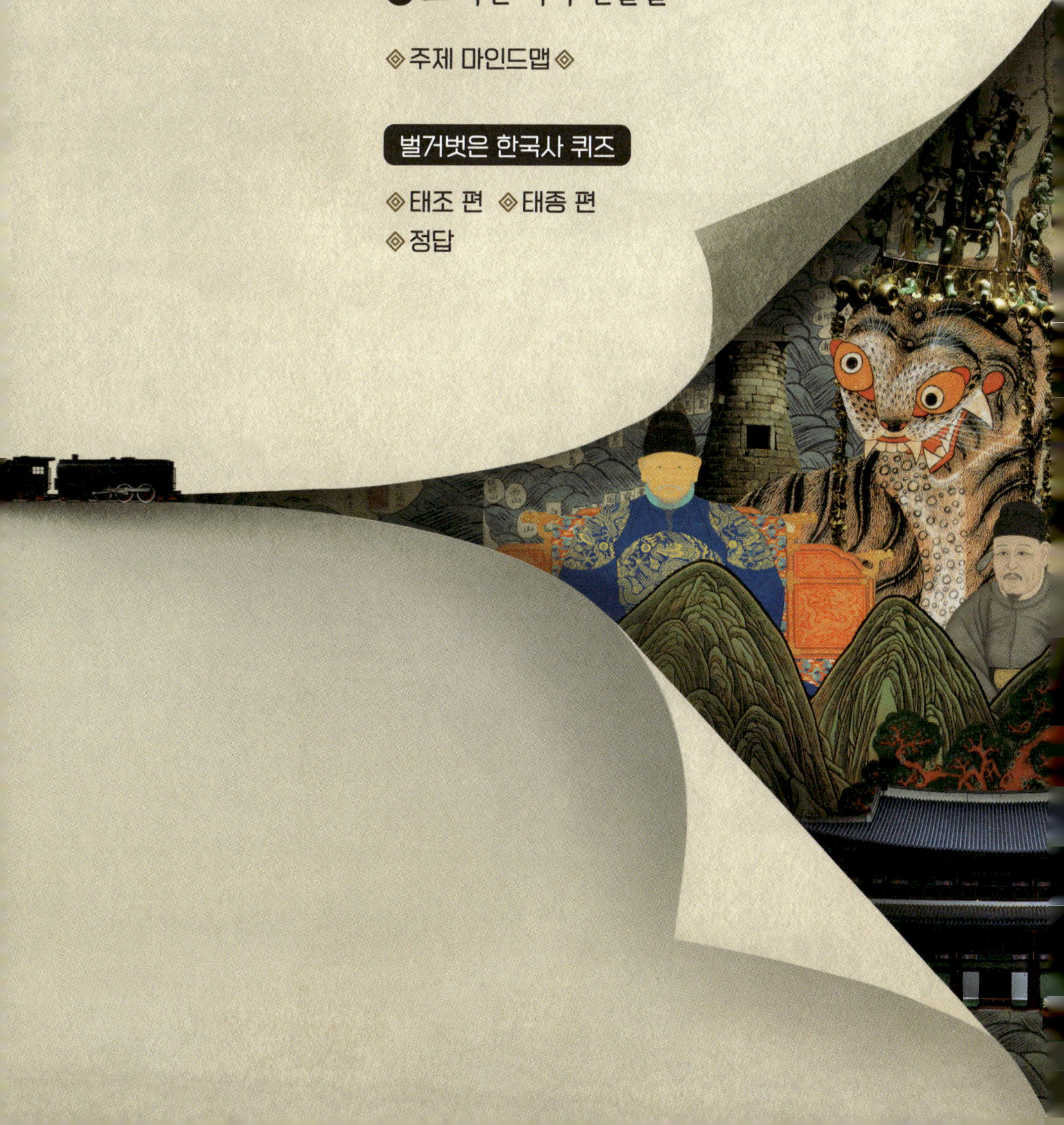

안팎으로 혼란했던 고려 말, 새로운 나라에 대한 꿈

475년 동안이나 이어 오던 고려 왕조가 더 이상 존속하지 못한 데에는 국내외의 정치 상황이 큰 요인으로 작용했어요. 멸망의 징후가 짙었던 고려 말기의 시대 상황을 살펴보아요.

고려 말기의 지배층인 권문세족은 대토지를 소유하고, 높은 관직을 독점하는 데에만 혈안이 돼서 백성들의 삶을 전혀 돌보지 않았어요. 백성들은 송곳 꽂을 땅 하나 없이 노비가 되거나 집 없이 떠돌아다니게 되어 어렵게 살았지요.

권문세족들의 부패가 극심해지던 때에 백성들을 더욱 힘들게 한 것은 외적이었어요. 북쪽에서는 홍건적, 남쪽에서는 왜구가 침입해 전국을 들쑤셔 놓았지요. 고려는 그야말로 안팎으로 심각한 위기에 빠져 있었지요.

국내외의 혼란이 극심해지던 고려 말, 중국에서 큰 정치 세력 변동이 일어났어요.

몽골족이 세운 나라 원(元)에서 한족이 세운 나라 명(明)으로 교체되는 '명·원 교체기'를 맞이했지요. 아시아와 유럽에 걸친 대제국을 건설하고 고려까지 침략했던 몽골족의 원은 쇠약해지면서 명에게 쫓겨나는 처지가 되고 말았어요.

명은 중국 대륙을 장악한 뒤, 고려에 원이 과거에 다스렸던 철령 이북 땅을 내놓으라고 합니다. 이때 고려는 땅을 내놓는 대신 요동 정벌을 계획하고 무장 이성계를 내보내지요. 하지만 이성계는 위화도 회군을 하여 조선을 건국합니다. 원의 멸망과 명의 건국이 우리나라 역사에도 영향을 미친 것이지요. 이렇게 역사는 이웃 나라의 상황에 따라 영향을 받게 되면서 변동을 겪게 된답니다.

전쟁 영웅 이성계, 피의 군주 이방원, 왕이 된 후 달라진 모습

태조 이성계는 탁월한 군사적 능력을 바탕으로 조선 개국에 성공했지만, 나라를 다스리는 데에는 신진 사대부들의 도움을 받아야 했어요. 태종 이방원은 왕이 되기 위해 동생들을 죽이는 비정한 권력욕을 보였지만, 왕이 된 뒤에는 나라를 위해 인재를 가리지 않고 등용하는 모습을 보여 주었어요. 왕이 된 후 달라진 두 사람의 모습을 알아보아요.

불세출의 무장 이성계, 정치가로서는 미숙했다?

이성계는 천재적인 활쏘기 능력과 최강의 전투력을 가진 '가별초'를 거느렸던 고려 역사상 최고의 군인이었어요. 30년 이상 전쟁터에서 생사를 넘나들던 이성계가 왕위에 올랐을 때는 57세로 너무 늦은 나이에 정치에 입문하게 된 셈이었지요. 그래서 나라를 통치하는 데에 필요한 정치와 행정에는 익숙하지 않았어요. 그 때문에 국가 통치를 위해 과거 시험을 거쳐 관리가 된 신진 사대부들의 도움이 절대적으로 필요하다는 점을 잘 알고 있어요. 특히 대학자였던 정몽주와 정도전을 자신의 왼팔, 오른팔로 삼고 싶어했지요. 그래서 이방원이 정몽주를 제거했을 때 크

게 화를 냈던 거예요. 조선 개국 후, 이성계는 조선 개국의 일등 공신이었던 정도전에게 조선 왕조의 설계를 맡겼답니다.

피의 군주 이방원, 신분제를 뛰어넘어 인재를 등용했다?

태종은 나라에 보탬이 될 만한 인재라면 천한 신분이라도 고위 관직에 등용할 만큼 능력을 중시했어요. 태종이 천민 출신을 등용한 인물로는 건축물 축조에 뛰어난 박자청이 있었어요. 경복궁, 창덕궁, 한양 도성 등 조선 초기의 건축물 대부분은 박자청의 작품이에요. 태종은 박자청의 능력을 높이 사 벼슬을 주었어요.

조선 최고의 과학자, 장영실 또한 노비 출신임에도 태종이 발탁한 인물이에요. 동래현의 관노였던 장영실의 뛰어난 재주가 조정에까지 알려지자 태종이 궁중 기술자로 불러들였어요. 세종 대왕은 태종이 등용한 장영실을 통해 조선 과학의 발전을 이룰 수 있었지요.

역사 정보 ❸ 또 다른 역사 인물들

오백 년 조선 왕조의 기틀 마련을 도운 정도전과 하륜

새로운 왕조를 세우고 그 체제를 안정적으로 유지하는 데에는 왕을 보좌하는 신하들의 역할이 아주 중요해요. 태조에게는 정도전, 태종에게는 하륜이라는 신하가 있었지요. 태조와 태종을 도운 두 인물, 정도전과 하륜을 만나 보아요.

조선의 설계자, 정도전(1342년~1398년)

조선의 개국 공신이자 학자이며, 호는 삼봉(三峰)이에요. 성리학을 배운 신진 사대부로 과거에 급제해 관직을 얻었지만 친원파에 밀려 유배당했어요.

1388년 이성계가 위화도 회군을 통해 정권을 장악하자, 본격적으로 개혁 정책을 펼쳤지요. 정도전은 이성계의 절대적인 신임을 얻고 있었기 때문에 조선의 국가 시스템을 구축하는 데에 가장 주도적인 역할을 했어요. 정치, 경제, 사회, 군사 등 다방면에 걸쳐 조선이라는 새 나라의 체제를 만들기 위한 작업들을 진행했어요.

정도전은 새 왕조의 기틀을 만들기 위해 〈조선경국전〉, 〈경제육전〉을 편찬했는데, 특히 〈조선경국전〉은 조선의 통치 규범을 제시한 것으로 이후 조선의 최고 법전인 〈경국대전〉의 기초가 되었지요. 또 한양의 궁궐, 사대문, 종묘 등의 위치와 명칭을 정하는 일을 하며 큰 활약을 했지만, 이방원과 권력 투쟁을 벌이다가 1398년 1차 왕자의 난 때 죽임을 당하고 말았어요.

이방원의 킹 메이커, 하륜(1347년~1416년)

고려 말 조선 전기의 문신으로, 호는 호정(浩亭)이에요. 1365년에 과거에 급제해 관직을 받았지만, 여러 사건에 휘말리며 여러 차례 파직과 유배를 반복했어요. 그러다 이방원의 관상을 보고 왕의 기운을 느끼면서 이방원의 정치적인 파트너가 되었지요. 1차 왕자의 난 당시, 충청도 관찰사를 지내던 하륜은 충청도 병력을 이끌고 한양으로 들어와 왕자의 난을 성공시키는 데 큰 공을 세웠어요.

태종이 왕위에 오른 후에는 태종이 각종 왕권 강화 정책들을 펴 나가는 데에 앞장서서 조선의 기틀을 다지는 데 공헌했어요. 태종 재위 중 수차례 좌의정과 영의정을 맡을 만큼 절대적인 신임을 받았어요. 태종은 왕권 강화를 목적으로 외척과 공신들을 숙청했지만, 하륜만은 곁에 두었어요. 하륜은 예순여덟 살까지 살다가 세상을 떠났어요.

오백 년 조선 왕조를 연 태조 이성계와 태종 이방원

태조 이성계와 태종 이방원은 유교 이념을 바탕으로 한 새로운 나라, 조선을 건국하고 나라의 기틀을 마련했어요. 조선이 오백 년을 이어 갈 수 있도록 국가 체제를 만든 두 사람의 업적을 살펴보아요.

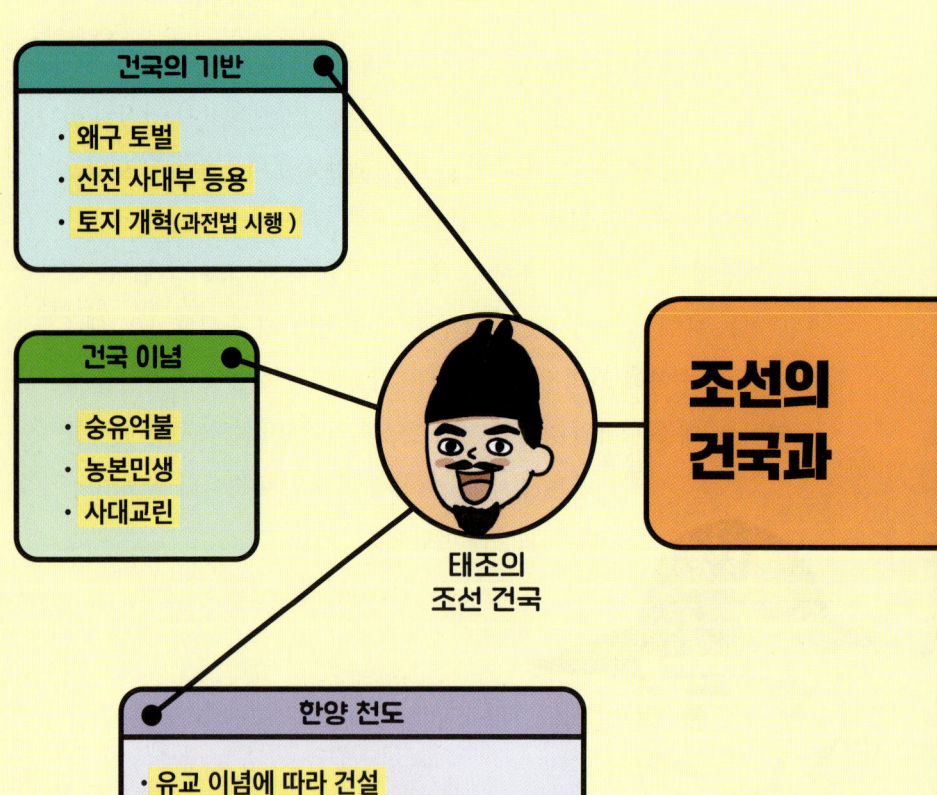

건국의 기반
- 왜구 토벌
- 신진 사대부 등용
- 토지 개혁(과전법 시행)

건국 이념
- 숭유억불
- 농본민생
- 사대교린

한양 천도
- 유교 이념에 따라 건설
- 종묘, 경복궁, 사대문, 한양 도성 등 축조

태조의 조선 건국

조선의 건국과

History information

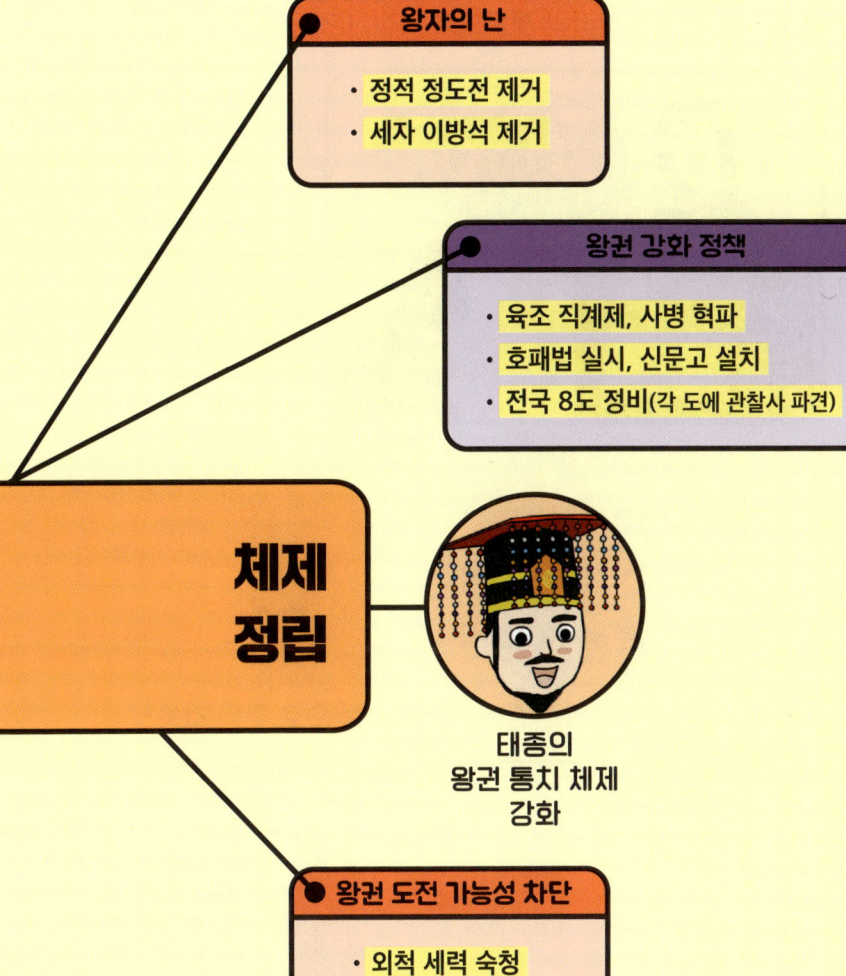

왕자의 난
- 정적 정도전 제거
- 세자 이방석 제거

왕권 강화 정책
- 육조 직계제, 사병 혁파
- 호패법 실시, 신문고 설치
- 전국 8도 정비(각 도에 관찰사 파견)

체제 정립

태종의 왕권 통치 체제 강화

왕권 도전 가능성 차단
- 외척 세력 숙청
- 공신 세력 숙청

벌거벗은 한국사 퀴즈 태조 편

한국사능력검정시험 제36회 17번

 다음 역사 다큐멘터리의 제목으로 적절한 것은?

① 태조, 북진 정책을 추진하다.

② 광종, 왕권 강화를 추구하다.

③ 성종, 유교적 정치 이념을 채택하다.

④ 공민왕, 반원 자주 정책을 실시하다.

 다음 역사 인물 카드의 빈칸에 들어갈 내용으로 맞는 것은?

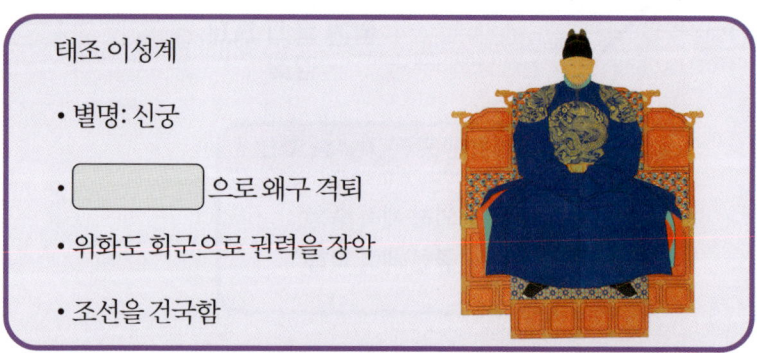

① 홍건적의 난   ② 왕자의 난   ③ 진포 대첩   ④ 황산 대첩

 다음 대화에 나오는 '이 나라'가 어떤 나라를 가리키는지 순서대로 쓴 것은?

① 원 - 명   ② 신라 - 고려   ③ 고려 - 고려   ④ 고려 - 조선

 다음 빈칸에 공통으로 들어갈 알맞은 사상은?

조선은 ▭ 정치 이념을 내세우며 세운 나라로 백성을 나라의 근본으로 삼았습니다. 이런 생각을 담아 궁궐과 도성의 사대문에 각각 ▭ 에서 강조하는 덕목으로 이름을 붙였습니다.

① 도교   ② 유교   ③ 불교   ④ 기독교

벌거벗은 한국사 퀴즈 태종 편

 다음 중 태종과 관계없는 일은?

① 무학 대사에게 꿈풀이를 했어요.

② 억울한 백성을 위해 신문고를 설치했어요.

③ 민씨 형제 등 외척을 숙청했어요.

④ 사병을 혁파해 나라의 군대로 만들었어요.

 다음 사건을 시간 순서대로 번호를 쓴 것은?

| 왕자의 난 | 정몽주 제거 | 대마도 정벌 | 충녕 대군 세자 책봉 |

( ) ― ( ) ― ( ) ― ( )

① (1)―(2)―(3)―(4)   ② (2)―(1)―(4)―(3)
③ (3)―(4)―(1)―(2)   ④ (1)―(2)―(4)―(3)

History information

한국사능력검정시험 제25회 18번

3 (가)에 해당하는 정책으로 옳은 것은?

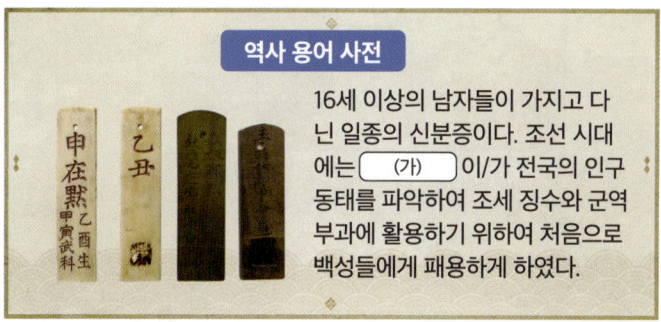

① 학술 연구 기관인 규장각을 설치하였다.
② 부산포, 제포, 염포의 삼포를 개항하였다.
③ 사병을 혁파하고 신문고 제도를 운영하였다.
④ 중국과 우리나라의 의서를 집대성한 동의보감을 간행하였다.
⑤ 고조선부터 고려까지의 역사를 정리한 동국통감을 편찬하였다.

4 다음 통치 제도의 이름은?

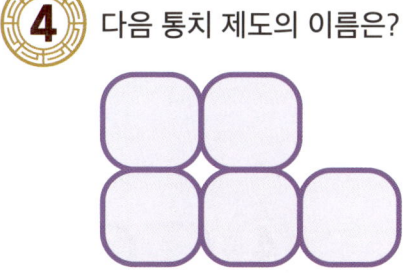

벌거벗은 한국사 퀴즈 정답

History information

태조 편

 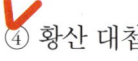 ④ 황산 대첩

④ 공민왕, 반원 자주 정책을 실시하다.

  ③ 고려-고려

 ② 유교

태종 편

 ① 무학 대사에게 꿈풀이를 했어요.

 (2)
(1)
(4)
(3)

 ③ 사병을 혁파하고 신문고 제도를 운영하였다.

육조직계제

사진 출처

18쪽 황산 대첩 인월 피바위_남원시청   19쪽 태조 어진, 어진박물관_문화재청

23쪽 노국 공주와 공민왕 초상화_국립고궁박물관

33쪽 정몽주 초상화_국립중앙박물관

36쪽 〈최영 장군의 홍산대첩〉_전쟁기념관

37쪽 〈동국신속삼강행실도〉_서울대학교 규장각 한국학 연구원

41쪽 황산 대첩비지_문화재청

42쪽 황산 대첩비지 파비석_문화재청 / 황산 대첩비지 황산 대첩비_문화재청

44쪽 〈대동여지도〉_서울대학교 규장각 한국학 연구원

44쪽 주원장 초상화, 대만 고궁 박물관_위키미디어

54쪽 최영 장군 묘_게티이미지뱅크

62쪽 단양 도담상봉 정도전 동상_위키미디어   65쪽 도성도_국립중앙박물관

66쪽 종묘 정전_문화재청 / 서울 사직단_문화재청   67쪽 경복궁_게티이미지뱅크

68쪽 광통교_문화재청   68쪽 광통교 정릉 석물_문화재청   88쪽 정릉_위키미디어

92쪽 옥새_국립고궁박물관   96쪽 건원릉_문화재청

101쪽 양반 신재묵 호패_국립중앙박물관 / 사노 정홍천 호패_충청남도 역사 문화 연구원

110쪽 덕수궁 세종 대왕 동상_위키미디어   111쪽 효령대군 영정_문화재청

113쪽 〈이종무의 대마도 정벌〉_전쟁기념관   114쪽 헌릉_유네스코 한국 위원회

표지   태조 어진, 어진박물관

벌거벗은 한국사

❶ 태조 이성계와 태종 이방원의 조선 건국

기획 tvN STORY 〈벌거벗은 한국사〉 제작진 | **글** 윤진숙 | **그림** 이효실 | **감수** 김경수

1판 1쇄 발행 | 2023년 1월 26일
1판 6쇄 발행 | 2026년 1월 10일

펴낸이 | 김영곤
프로젝트1팀장 | 이명선
기획개발 | 채현지 김현정 권정화 우경진 오지애 최지현
영업팀 | 정지은 한충희 남정한 장철용 나은경 강경남 황성진 김도연 이정은
디자인 | 박수진 **구성** | 김익선 **제작팀** | 이영민 권경민

펴낸곳 | (주)북이십일 아울북
등록번호 | 제406 - 2003 - 061호 **등록일자** | 2000년 5월 6일
주소 | 경기도 파주시 회동길 201(문발동) (우 10881)
전화 | 031 - 955 - 2145(기획개발), 031 - 955 - 2100(마케팅·영업·독자문의)
브랜드 사업 문의 | license21@book21.co.kr
팩시밀리 | 031 - 955 - 2177
홈페이지 | book21.com

ISBN 978-89-509-4299-1
ISBN 978-89-509-4298-4(세트)

Copyright©2023 Book21 아울북·CJ ENM. ALL RIGHTS RESERVED.
이 책을 무단 복사·복제·전재하는 것은 저작권법에 저촉됩니다.

• 잘못 만들어진 책은 구입하신 서점에서 교환해 드립니다.
• 가격은 책 뒤표지에 있습니다.

⚠ **주의** 1. 책 모서리가 날카로워 다칠 수 있으니 사람을 향해 던지거나 떨어뜨리지 마십시오.
2. 보관 시 직사광선이나 습기 찬 곳을 피해 주십시오.

다양한 SNS 채널에서
아울북과 올파소의 더 많은 이야기를 만나세요.

 인스타그램 @owlbook21   유튜브 @아울북&올파소

 • 제조자명 : (주)북이십일
• 주소 및 전화번호 : 경기도 파주시 회동길 201(문발동)
  031 - 955 - 2100 • 사용연령 : 3세 이상 어린이 제품
• 제조연월 : 2026. 1. 10
• 제조국명 : 대한민국
• 사용연령 : 3세 이상 어린이 제품

• **일러두기** 이 책에 나오는 지명과 인명은 《표준국어대사전》을 따라 표기하였습니다.

비교하면 더 잘 보이는 역사!

서로 다른 시대, 다른 나라의 사건이라도
놀랍게 닮은 장면이 숨어 있을지도 몰라요.
세계사 퀴즈를 풀며 한국사와의 연결 고리를 찾아보세요!

 알렉산드로스 대왕의 어릴 적 스승으로, 알렉산드로스 대왕이 그리스 문화를 사랑하고 세계에 전파하는 데 영향을 준 고대 그리스 철학자는 누구일까요? 〔   〕

① 소크라테스   ② 플라톤   ③ 아리스토텔레스

 알렉산드로스 대왕이 건설한 제국에서는 서양과 동양의 문화가 서로 영향을 주고받으며 새로운 문화가 탄생했어요. 다음 퍼즐에서 가로, 세로, 대각선을 살펴 이 문화를 일컫는 말을 찾아 ○ 하고, 빈칸을 채워 보세요.

헬	로	우	알
자	레	알	고
유	알	니	리
론	시	스	즘